Alternative Journalism

「代替型」ジャーナリズムの必要性と可能性

Kenji Kosaka
高坂健次

中央公論事業出版

てそれを報ずるニュース（「5類」移行後、極端に少なくなってきているように思うけれども）も明るいはずもない。凶悪犯罪、事故、災害、汚職、などについても似たようなことが言える。

私は、夕食時に合わせて、「NHKニュース7」を視ることが習慣となっている。以前は、民放のニュース（番組）も視ていたけれども、合間に挿入されるコマーシャルが煩わしくなって視なくなってしまった。先の友人はBSニュースや他局のニュース、話題や出来事によってはパソコンで自ら検索して情報源を豊かにしているようだ。たしかに、「NHKニュース7」だけでは放送時間も（したがって話題も）限られているし、たとえば日々の新聞のようには幅広くはカバーできていない。しかし逆に言えば、報道された内容の「顕出性（目立ち度）」はそれだけ大きいと言えるだろう。

そこで私は、ニュースのこの「暗さ」や「面白くなさ」が出来事の「暗さ」以外にどこからくるのかを考えてみた。「明るい」「暗い」は感覚的な事柄なので、人によって受け止め方に違いがあるかもしれないし、程度差があるかもしれない。しかしながら、その違いや差を超えて、ここには私たちに共通の問題が横たわっているのではないか、と考えてみた。

現行のTVニュースの主要内容は明らかに「事実」の報道が中心である。しかし、そこに物足りなさを覚える視聴者も少なくないのではないか。事実に基づく報道に、どのような「付加価値」を加味すればよいだろうか。本稿の結論を先取りすれば、視聴者に分かりやすいかたちで

「（ニュースを視て）ためになった」とか「幸せになった」とか「不幸を回避できた」と思えることが付加されれば事態は大幅に改善されるのではないだろうか。

以下に述べることは、その考察内容と結果である。誤解を恐れず言えば、「暗い出来事」を明るくしようというのではなく、「暗いニュース」を明るくしようというのである。「面白くない出来事」を面白くしようというのではなく、「面白くないニュース」を面白くしようというのである。

目次

第1章　「解決型」ジャーナリズム（Solutions Journalism）

ジョディ・ジャクソンという人が、「解決型」ジャーナリズムというものを主張している（Jodie Jackson, 2019, London: Unbound）。この本のタイトルは、*You Are What You Read*（あなたの精神の健康は、あなたが読んだもので決まる）であり、副題は、*Why Changing Your Media Diet Can Change the World* である。タイトルのなかで「読んだもの」となっているけれども、本の中身を読めば分かるように、TVニュースや社会的メディアのニュースが議論の対象となっている。副題は、「メディア生活の変化が、なぜ世の中の変化をもたらしうるのか」である。英語のことわざには、*You are what you eat* というのがあり、これは、あなたの健康は毎日何をどう食べたかで決まる、という意味で、ジャクソンの本のタイトルもこれに倣っている。

ニュース価値のある報道には、戦争、腐敗、醜聞、殺人、飢饉、自然災害がある。そうした物語から得られる世界像は著しく歪んでいる、とジャクソンは思っている。しかし、世の中は没落状態にあると信ずるほど私たちは馬鹿ではあるまい。進歩の物語は、ニュースの議題には上らない。失敗の物語ほどは耳にすることがない。

だから、私たちは意識的にニュースのなかに解決に焦点をおいた物語（solutions-focused stories）を選ぶのがよい。これが著者の問題意識である。「健康な精神にとっての情報は、健康な肉体にとっての食べ物のようなものである」（p.1）のだから。

以下、本節では、ジャクソン（以下、著者）の著書にしたがって、その主張に耳を傾けてみよう。

著者は、まず否定的ニュースへの圧倒的な選好があるのはなぜかという疑問にぶつかった。ジャーナリストが、腐敗と醜聞、戦争犯罪を報道する目的は何なのか。メディアは、公衆のために報道しているのか、それとも自分自身の成功のために報道しているのか。世界のそのような否定的肖像の帰結は何だろうか、と。

著者が得た結論は、多くのニュース組織は自分たちの産物を攻撃的に守ろうとしている、というものであった。ジャーナリストの責任は、世界の悪を照射し、公衆の議題に乗せ、悪を消し去ることにあったのではないか。ところが多くのジャーナリストは、儲かるものを報道してしまっている。私たち視聴者が告げられているのは、造られ、操作された真実であって、それは真実でも何でもない。

しかも悪いことに、私たちがニュースを通して消費している情報は、世界についての私たちの理解の基礎となっている（「知覚がすべて」〈PERCEPTION IS EVERYTHING〉の章）。これが心配な点だ。私たちがニュースから得ている過度に否定的で煽情化された情報は、過度に対立的な調子で、これを聞くと世界がまるで水の泡となり、自分ができることは何もないと感じさせられてしまう。これでは、メディア（ＴＶであればＴＶ）を完全に切ってしまうしかないではないか。無知こそ至福という考えにだんだんと引き付けられてしまう。

どうすれば、私たちを引き込むようなかたちで情報を得続けることができるだろうか？　そこで著者が到達したのが、今日「解決型ジャーナリズム」（Solutions Journalism）として知られているものであった。「解決型ジャーナリズム」は、革新、率先、社会問題への平和構築的前進と反応に関するニュース報道から成っている。

そのような「解決型ジャーナリズム」を通して、私たちは世界の単なる受動的観察者から行動的参加者へと変身できるのではないか。

「メディアは余りにも否定的に過ぎるのではないか。解決に焦点を合せた物語をもっとニュースのなかにとりこむことで得られる利益は計り知れない」（p.6）、「今日のニュースの多くは、無知なる人々の力を奪う（disempower）。このことをより良く理解するためには、私たちは心理学の領域に沈潜して、ニュースがどのようにして世界についての私たちの認識と、それに基づく信念を変化させるのかを知らねばならない」(p.7)。

以上は、「著者からの手紙」と「序論」のなかで述べていることの概要である。そのなかに、著書全体の鍵概念がほぼ出そろっている。そのことを念頭に、さらに各章の主な内容を略述しておきたい。

著者は、ニュースがしばしば視聴者にアピールして新しい視聴者を得るために、他のニュース組織(=放送局)の提示する話よりも口当たりが良く、ワクワクするものにしてしまうことを指摘している。商業的理由から真実を曲げることの問題は、争点についての私たちの理解を停止させてしまうことにあると述べている(「誤読か誤導か」〈MISREAD OR MISLED〉の章)。

著者は、さまざまな問題を報道し強調する否定的ニュースは、社会を良くするのに役立つと述べている。しかし、それに囚われすぎるとジャーナリストは、本来の目的であったはずの「解決型ジャーナリズム」に目が向かなくなって、戦争といった負の出来事の取材に奔走しかねないと言っている(「負のニュースは売れる」〈BAD NEWS SELLS〉の章)。

著者は、否定的なニュースの過剰表象は、世界が「実際以上に暴力的である」ことを私たちに信じこませ得る、と述べる。このようなニュースが続くと、視聴者はニュースそのものから身を引いてしまいかねないとも。離脱には2つのケースがあると指摘する。1つにはニュースが余りにも憂鬱だと思って意識的に離脱する場合。もう1つには、ニュースに対して鈍感になってしまう結果としていくぶん無自覚的に起こる場合である（「過ぎたるは及ばざるがごとし」〈TOO MUCH OF A GOOD THING〉の章）。

著者は、先に述べたように「解決型ジャーナリズム」の立場を重視していると述べた。この型のジャーナリズムにおけるニュース報道ではどのようなニュースが取り上げられるのか。著者は、ＢＢＣ放送による問題解決のニュースの３つの具体例をあげている。

例１：スリランカにおけるマラリア。２００９年、スリランカ政府は5年以内にマラリアを撲滅すると誓約した。政府はマラリア患者を一人残さず診察し、患者の家族も診察し、自宅を消毒した。マラリア菌を媒介した蚊の駆除にも努力し、ついには２０１６年にマラリアを追放したと政府は公式に宣言した。

例２：コロンビアにおける平和。コロンビアで50年に亘って続いた内戦のために自分の家族12人を失った一女性の報告である。15歳の息子は学校に行く途中拉致された。彼女はやはり自分の子どもを内戦で失った5人の女性とともに、教会の外で抗議を始めた。自ら闘士に語るために牢獄に入ったり、政治家に働きかけたりして、平和交渉を始めただけでなく、犠牲者たちを交渉のなかに引き入れるようにした。彼女と仲間たちの努力は実を結び、キューバに招かれ、コロンビア革命軍隊のメンバーの前で話をするように要請された。この戦略は革命的なもので、世界中を見渡しても戦争の犠牲者が和平会談に含まれることはこれまでなかった。彼らの貢献は功を奏し、

２０１６年には画期的な和平条約が実現した。

例３：電動航空機による世界一周。これは電動航空機で世界一周を先駆的に果たした男性（Bertrand Piccard）の話である。若い時、彼はハンググライディングをすることで、高度恐怖症を克服しようとした。二酸化物の放出を恐れて、太陽光発電による電動航空機に乗り換えることで、クリーンなエネルギーを証明してみせようとした。17年後に実現したのが、ソーラーインパルス2と呼ばれるものだった。アブダビを出発した世界一周を成功させたのち、彼は「The World Alliance for Clean Technologies（クリーン技術の世界同盟）」（後にEfficient Solutionsに改名）を設立した。

著者が具体的事例に言及した箇所は本書のなかでここだけなので、私たちの身の周りのニュースと比較対照させながら読まれるべきだろう〔「ニュース解決」〈THE NEWS SOLUTION〉の章〕。

著者は、私たちが世界において行動を起こす力が感じられるようになれる重要な感情としては、楽観主義（optimism）、希望（hope）、自己効力感（self-efficacy）の３つがある、と指摘している。そして、解決型ジャーナリズムを取り込む目的は、なにも世界の諸問題を見えないように遮蔽するためではなくて、諸問題のあるところで何ができるかの理解に挑戦するためである。したがって、社会の諸問題に対する創造的で、革新的で勇気ある反応——それがどれほど限られた成功に留まるものであったとしても――を自覚することによって、希望の感情が得られるのである。これを達成するために問題を無視する必要はない。希望は問題の不在ではなく存在を前に、可能性を自覚する結果として湧いてくるのである。私たちの行動が違いをもたらし得るという実感が得られることで、自分自身が「影響力をもった人間」として、エンパワー（能力を高め）し得るのである（「無力　対　希望」〈HELPLESS VS. HOPEFUL〉の章）。

著者の立場が、「解決型」ジャーナリズム重視であることはすでに再三述べたとおりである。では、「解決」ニュースに対して、「問題」ニュースが不要だと言っているのかと決してそうではない。両方のニュースとも必要だと言っているのである。このことについては、著者自身による章冒頭の要約（アブストラクト）が最も分かりやすいと思われるので、まずそれを紹介し、その後に補足説明をすることにしたい。曰く、「問題に焦点を合せたジャーナリズムと解決に焦点を合せたジャーナリズムのどちらが重要かを決める必要はない。そうではなくて必要なことは、私たちが両方の価値がともにプレスにおいて重要で情報提供を有することを認識することである。私たちは世界をより正確に理解するために、失敗とともに成功を認める必要がある。メディア制度は、したがって強さと弱さ、成功と失敗、人間の優秀さと堕落とスキャンダル、解決と問題、進歩と後退を報道すべきである」（「善悪とバランス」〈THE GOOD, THE BAD AND THE BALANCE〉の章）と。

著者は、報道が「問題」の指摘ばかりでも良くないし、かといって「解決」の指摘ばかりでも良くないと主張している。両者のバランスこそが必要だ、と。では、「バランス」とは何か。私の表現で言えば、一つの現象の対象について両方の側面への言及を言っているのではない。そうではなくて、「世界のありのまま」を反映させるべきだと言っているのである。著者の言葉で言えば、ニュースの量を半々にしろというのではない。そうではなくて世界のなかに存在している「善いもの」と「悪いもの」の双方を客観的に眺め、見ることを指しているのである。善悪の比率がどのようなものであっても、その比率どおりに提示するようにと提案しているのである。

著者は、ニュース組織（news organization）がたえず「利益追求」というかたちのビジネスに彩られていることを指摘している。その組織は報道を目的とはしているが、報道がビジネスでもあることを弁えておかなければならない。むろん、利益追求をしてはならないとは言わない。しかし、度を越して読者数、地域浸透度、クリック率等が、個人や社会に対する影響よりも重要だということになれば、問題である。TV業界で視聴率が問題にされるのも同じである。報道番組の格付けを引き上げ、より多くの視聴者を得ようとして、暴力や葛藤を煽情化するならば、それはネットワークの利害関心には役立つかもしれないが、視聴者の利害関心には反する。では、どうすべきか。メディア産業が、格付けのために恐怖、煽情、無知を生み出したいという誘惑に抵抗することが肝要である。無知と知の間のギャップを架橋するためには、争点に深く潜入し、専門家に耳を傾けるべきである（「相も変わらずビジネス」〈BUSINESS AS USUAL〉の章）。

著者は、最後に、私たちがメディア生活を変えて（メディア・ダイエット）、もっと情報を豊かにし、もっとニュースに関与し、もっと力をつけるようにするための6つの方策を提案している。①自覚的なニュース消費者になること、②良質なジャーナリズムを読み／視ること、③自分の抱えているニュースに対する防壁［＝自分の好みのニュースばかりを視聴しようとする性癖］を打ち壊すこと、④良質なニュース内容についてはお金がかかることを覚悟すること［さもないと、ニュース組織は収入の主たる源泉を企業のコマーシャル代を当てにすることで、視聴者よりはスポンサー寄りとなる］、⑤ニュースを超えて読むこと［ニュースばかり視聴していると了見が狭くなるので、書物やフィクションを読み、ドキュメンタリー番組を視るのが良い］、⑥解決に焦点を合わせたニュースを読むこと［ニュースに否定的なことが多いと感じていても、感じていなくても、ニュースが精神的健康に及ぼし得るインパクトについて理解し、ニュースを消費する仕方についてもっと熟慮すべきである］（「変化させる力」〈THE POWER TO CHANGE〉の最終章）。

以上が、著者がこの本で主張したかったことの骨子である。次節では、本稿で私が主張する「代替型」ジャーナリズムとはどのような特徴をもったものかについて述べよう。

第2章 「代替型」ジャーナリズム（Alternative Journalism）

社会学を専攻する私は、かつて既存の社会学に飽き足らず、「代替型社会学」（alternative sociology）というものを主張したことがある（Kosaka and Ogino eds. *A Quest for Alternative Sociology*, 2008, Melbourne: Trans Pacific Press）。この主張はそのまま、ニュースの「暗さ」克服に役立つように思われるので、その主張をここにまずは簡潔に紹介しておきたい。

「代替型社会学」は、3つの柱から成る。1つ目の柱は、社会学でこれまでほとんど研究対象になってこなかった対象を研究すること。むろん、社会学の研究対象は多岐に亘るし、そうであって良いと思われるけれども、冷静に振り返ってみると盲点になってきた対象があるように思われた。それが、「幸福」の研究であった。幸福論は哲学の根本テーマであるので、古代ギリシャ哲学以来、古くからある。

18～19世紀の功利主義においては、ベンサムに代表される功利主義の達成目標は「最大多数の最大幸福」（the greatest happiness of the greatest number）であった。しかしこの素朴な考え個人が増加させ得る効用には限度があるのかどうか。ある特定の人々の効用を大幅に増やせば他の人々の効用は少ししか増えなくてもいいのかどうか。最大多数とは言うけれども、全員の幸福が確保できなくてもいいのかどうか。少数の取り残された人が出てもそれは「仕方がない」と言えばいいのだろうか。

こうした問題に対しては、経済学者でもあり社会学者でもあったパレートが一定の提案をした。「パレート最適」と呼ばれる考え方がそれである。すなわち、誰かの利得を引き下げることなく誰かの利得を引き上げることができれば、その状態を「パレート最適」と呼ぶ。この考え方によれば、社会が常に「パレート最適」を守ってさえいけば誰一人損をする人はでてこない。しかし、「パレート最適」のもとでも、不平等がなくなるという保証はない。さらに資源制約構造が変化すれば（たとえば、全体のパイが大きくなれば）、「パレート最適」状態も推移する。たとえば、ある社会組織において一人だけの給料が倍増し、残りの人々の給料は現状維持だったとすると、彼（女）だけの昇給に残りの成員が納得できる合理的理由がない限り、「不公平」だと感ずるのが普通である。こうした問題は、社会学では「相対的剝奪」概念でとらえられてきた。「パレート最適」は社会学から見れば不安定な概念でしかない。功利主義は、このように幸福の加算、あるいは、快と苦を差し引きした後の幸福の増大ないし総効用の最大化を目標としてしまったために、財の分布とその変化から生ずる問題を議論できなくなってしまった。その結果、貧困問題についてさえ、十分な議論の枠組みを提供できなくなった。

総効用の最大化を主張する功利主義を批判して登場した考え方は、基礎的部分を平等化して、付加的部分では格差を容認しようというものであった。ロールズの正義論とセンに影響を受けたヌスバウムの潜在能力アプローチはそうした発想をもっている。

社会学の始祖オーギュスト・コントにとって、秩序は進歩の根本条件であり、進歩は秩序の必然的目的であった（Comte,［1844＝1926→1970］であった。進歩が「人類の幸福」を意味していることは自明のことであった。しかし、現実にはフランス大革命のさなかの混乱に見られたように、秩序ばかりを重んじて進歩を志向しない「国王の誤り」と、進歩を志向はするが秩序を守らない「人民の誤り」とが事態を悪くしていた（Comte,［1822＝1926→1970］、「実証主義精神」『世界の名著36』コント／スペンサー、中央公論社)。コントは実証科学としての社会学に、これらの誤りを正して新しい社会状態を構想するうえで大きな役割を果たすことを期待した。

社会学のもう一人の始祖ハーバート・スペンサーの主著の一つである『社会静学』が、「人類の幸福についての必須条件」という副題をもっていたことはあまり知られていないか、しばしば忘れられている。彼はベンサムの「最大多数の最大幸福」に見られる人間観に終始批判的な姿勢をとりながら、「完全な幸福の達成のために、私たちはどのような法則に依存しなくてはならないか、を決めること」を「社会静学」の目的に掲げた。彼は個人が自分の幸福を達成しようとして他人の幸福を犠牲にする（＝不幸にする）ようではいけないと考えていて、欠陥だらけの諸個人が集まってもなお誰をも犠牲にしない「社会状態」＝「正義」を考えた。

（注）以下、p.23の2行目までの初出は、拙稿「頻ニ無辜ヲ殺傷シ――幸福と不幸の社会学序説」関西学院大学大学院社会学研究科『先端社会学研究』創刊号、2004、pp.20-23。

社会学の第二世代であるマックス・ウェーバーにとって、現代社会は「精神なき専門人、心情なき享楽人」が闊歩している（『プロテスタンティズムの倫理と資本主義の〈精神〉』1920＝1991、岩波書店）。平たく言えば、営利を追求しても不正を思い止まる倫理観をもたない経営者、また、天職のために一生懸命尽くす気持ちをもたない労働者が闊歩しているというのである。かつて、資本主義を生み出したプロテスタンティズムは、厳しい倫理観に支えられていたのに、現代ではそれが失われてしまった、と。このような社会状態を彼は「鉄の檻」と呼んだ。近代合理主義が「魔術からの解放」だったとすれば、合理化の徹底の先にあるのは「実質非合理性」（カール・マンハイム）である。ここでは合理化と非合理化のアンチノミー（二律背反）が同時進行している。「鉄の檻」の中では、すでに幸福も不幸も世俗化してしまっている。宗教的禁欲が働いていたときには、現世における財の分配の不平等でさえ「神の特別な摂理のわざ」であるとの

「安心すべき保証」を与えてくれていたのに対して、「現世の欲望や生活の見栄も増加」した現在では単に競争の結果としての勝ち負けでしかない。

社会学のやはり第二世代であるエミール・デュルケムは「社会的分業の原因」を論ずる箇所で「幸福の進歩」について言及している（Durkheim, 1893 = 1971、『社会分業論』、青木書店）。彼の論点は、あくまで幸福の追求が、経済学が主張するように分業の進展をもたらすわけではない、という点にあった。しかし行間にデュルケム自身の社会学者としての「幸福」観も垣間見ることができる。幸福とは全機能の調和的発展を意味する中庸の活動である「健康な状態」である。幸福は文化・社会相対的なものであるので、かつての幸福が現代では苦痛になったりすることさえある。組織的分業が進んだ豊かな社会では、その病理（異常形態）としてのアノミー（無規律）現象が見られる。「経済界の悲惨な光景が呈する、あのたえまなく繰り返される闘争やあらゆる種類の無秩序がよってきたるべきところは、まさにこのアノミーである」（邦訳、p.2）。アノミー現象に特有なことの一つはアノミー的自殺である。したがって、「進歩が幸福をいちじるしく増大させるものではない」（邦訳、p.242）。もっとも、これに対して「害悪」を救済する手立てがないわけではない。アノミーに対しては、社会が凝集性と規則性を回復することで、諸機能の間に均衡をとっていけばよい。欠落している諸準則の体系を構築するためには、同業組合または職業集団の再構築が効果的である。職業集団は「経済生活に直接的な関心をもっているから、あらゆる欲求を感じ取ることができる」し、「家族と同じ永続性をもっている」ので最もふさわしい（第二版「序文」）。

ウェーバーにおいてもデュルケムにおいても、正の歴史と負の歴史、幸福と不幸とが分かちがたく結びついて捉えられている。ウェーバーにとっては「魔術からの解放」は正の歴史、実質非合理化は負の歴史であり、デュルケムにとっては有機的連帯が叶う分業の進行は正の歴史、分業の異常形態は負の歴史である。正と負、幸福と不幸とが分かちがたく同時進行していると見做《みな》しているという意味では、両者は共通である。ちなみに、彼らはともに幸福の加算という発想につながるような単純な功利主義の立場はとっていない。

では、本当に幸福と不幸は分かちがたいのだろうか。幸福の加算と不幸の減算も同時に実現できるとは考えられないだろうか。「幸福の加算から不幸の減算へ」という言い方は、市井三郎の卓越した主張に基づいている（市井、1971、岩波新書）。彼が問題にしていたのは、書名にもある通り、『歴史の進歩とは何か』であった。快と苦は裏腹の関係になっているとはいえ、「人間社会の規範倫理学は、『快』の総量をふやすことを指向するよりはむしろ、それぞれの時代に特有の典型的『苦』（痛）の量をへらす、という方向に視座を逆転すべきではないのだろうか」（p.139）と市井は述べる。ここには、量的な計算の難しさ、同一人のなかでの限界効用逓減の法則、相対的剝奪という問題が横たわっている。市井が、それらの問題を乗り越えて辿り着いた倫理基準は次のとおりである。「各人（ホモサピエンス）が責任を問われる必要のないことから受ける苦痛を、可能なかぎり減らさなければならない」（p.143）。

なお、「不幸の減算」という場合、ⅰ）すでに起こった過去の「不幸」、ⅱ）今、起こっている「不幸」、ⅲ）将来起こるかもしれない「不幸」、がありうることを念頭に置いておくのが良いだろう。

このような社会学と哲学の動きは、大きくは二段階に分かれる。一段階目（ウェーバーやデュルケム）は、近代社会を分析ないし診断の対象としてとらえた。それに対して、哲学者・市井三郎は思想史の流れを踏まえたうえで、倫理命令（＝べき論）の立場から議論を展開している。何かを研究や分析の対象とするのではなくて、将来向かうべき社会がどのような社会であるべきかを定式化しようとしている。より一般的に言えば、研究対象の記述・分析・診断研究ではなく、対象のあるべき姿をとらえようとしているのである。

いくぶん先回りして報道の文脈に置き換えれば、事実（犯罪、事件、出来事など）の報道ではなく、このようなニュースをもたらした事態が本来あるべき状態に視点をシフトさせるということになる。端的に言えば、視聴者にとって事態のあるべき姿・かたちを報道するというふうに視座転換をせよ、ということになる。

2つ目の柱は、幸福を増大させ不幸を減少させるための新しい方法論的ないしパラダイム的枠組みを示すこと。ここでは、私は「ミスト・オポチュニティの社会学」を提案した。幸福をどのように実現するか、不幸をどのように軽減するかを追求する営みは二つの段階をとる。すなわち、市民として何をなすべきか、社会学として何をなすべきか、の二段階である。ここでは社会学の立場に立って考えてみよう。

個々の不幸の事例を認識することは、幸福追求における希望と同じ働きをもつ。すなわち、過去にあったことは現在も、そして未来にも起こるかもしれない。逆に言えば、起こったときどのようにすべきか、起こっている今どうすべきかについては、過去に遡ってどのようにしなければならなかったのか、どのようにしておけばよかったのかを、過去の出来事についての遡及的研究をとおして答えを導きだすことが必要である。こうした研究の仕方を「ミスト・オポチュニティの研究」と呼ぼう。

「ミスト・オポチュニティ（取り逃がした機会）」（以下、MOと略述）という表現と発想は、ベトナム戦争を回顧してロバート・マクナマラ米国防長官（当時）らと北ベトナム高官との間でもたれた対話プロジェクトにヒントを得た。このプロジェクトは1997年、4日間に亘って「（戦争を避ける、もしくは早期に終結させる）機会は本当になかったのか？」という疑問を唯一のテーマに取り上げたものである（東大作『我々はなぜ戦争をしたのか』、2000、岩波書店）。

具体的エピソードについて触れておく。すでに「トンキン湾事件」以降、事実上「ベトナム戦争」は始まっていた。リンドン・ジョンソン米大統領は「軍事介入の拡大」「現状維持」「段階的撤退」のいずれの選択肢をとるべきかを決断するにあたって、補佐官のバンディをベトナムに派遣した。バンディが到着した翌未明にベトナム中部にあるプレイク空軍基地が攻撃された。それを北ベトナム側がアメリカを挑発するための攻撃だと解釈したバンディは、即拡大の方針を進言した。このあと泥沼の「北爆」が続いた。ベトナム戦争の犠牲者の多くは、この北爆以降に生まれたものである。ところで北ベトナム政府は、当時バンディがそのような命を受けてサイゴン入りをしたことを知らなかったというのである。したがって、プレイク事件はサイゴン入りを狙っての挑発ではそもそもありえなかった、と。

北ベトナムの外務次官（当時）コ・タクは言う。

「いいですか。我がベトナムは、アメリカと違い、工業国ではありません。全くの農業国家です。……指揮命令系統というのは、工業化の過程で成熟していくものです。農業国家の指揮命令系統は常に分散しています。なぜなら情報の伝達手段が発達していないからです。あなた方の指揮命令系統は確かに集中しているかもしれません。しかしベトナムでは、指揮命令系統は分散しています。我々の国と、あなた方の国は、まったく違うのです」

そうした省察をとおしてこそ、ベトナム戦争の悲劇は避けることができたのではないか、と考えた。この考え方を敷衍《ふえん》すると、不幸にはそれをもたらした「（幸福の）機会の取り逃がし」があったのではないかという考え方に行きつく。過去の「取り逃がした機会」を識別し、それを繰り返さぬように将来に活かすことで、「幸福」を増大させることができるのではないかと。

このエピソードを報道の文脈に移していえば、事件の報道ではなく、事件（そのほとんどは負の含意をもっている）がなぜ生じたのかの検討ないしは検討結果を報道せよということになる。もっとも、これは前述のMOの事例が示しているように、出来事の直後に可能になるわけではない。長い時間をかけた分析と省察の結果、はじめて得られるものである。したがって、多くの報道は「事件」直後になされるのが通例であるから、MOの視点からする報道はきわめて少なくならざるをえない。しかし、数のうえで少ないということは、そうした報道が成立しないことを意味しない。本稿の後の「まとめ」部分（7．6）で簡潔に紹介することになるだろうが、NHK富山放送局の経験は、時間をかけた報道と探索、それにもとづいた関係当局への働きかけの結果得られた成功的結果自体を報道の対象としているのである。

3つ目の柱は、社会学者自身の役割をめぐるものである。研究を通じて得られた社会学的知識は、それを将来に活かしていかなくては意味がないだろう。しかし、それを「活かす」のは簡単なことではない。社会学者に託された（たとえば、行政サイドや市民サイドからの）期待を社会学者自身が「ミドルマン（仲介者）」となって体現していくのが良い、とラザーズフェルドは考えた（P. F. Lazarsfeld. ed. *The Uses of Sociology,* 1967, Basic Books）。クライアントと社会学者との間には双方向の知的交流が行われる必要があると考えられている。クライアントから社会学者の方へは「問題」の「翻訳」がなされる。クライアントの抱えている生の「問題」の「翻訳」がなされる。ここで「翻訳」と呼ばれている知的営みは、生の「問題」を社会学的なターム（言葉）や概念、社会学的分析手法に置き換えることを意味している。他方、社会学者の方からクライアントに対しては、ギャップを飛び超えなくてはならない。「ギャップ」というのは、何と何の間のギャップかと言えば、「知識から決定へ」の、あるいは知識から行動へのギャップである。「ギャップの飛び超え」（Gap-leap）と言っているのは、実に言い得て妙である。どのような優れた研究であっても、実際の施策までには、短いか長いかは別にして距離がある。つまり時間がかかる。しかもいつも代替案を提示しながら、施策の話を進めるわけにもいかない。ちょっとした飛躍がそこには必要なのだ。施策を提案するときには、複数の代替案があっても困るのだ。社会学者の方から言えば、決定的なことが言えないときのほうがよほど多いのだけれども。

あらためて「ミドルマン」とは何か。社会学者による調査研究（＝知識）から実際の意思決定（＝行動）への"Gap-leap"において生ずる「選択」には、３つの種類があるとラザーズフェルドは考えている。例示を省略して、いくぶん一般的なかたちで述べれば、（１）一般化戦略の選択、

（2）ターゲットとなる対象者とコミュニケーション・チャンネルの選択、（3）一般的概念の明細化、の3つである。ラザーズフェルドは、こうした当面3つの選択をする人間のことを「ミドルマン」と呼んでいる（詳しくは、拙稿「ミドルマンのすすめ」『関西学院大学　社会学部紀要』第87号、関西学院大学社会学部研究会、2000、pp.197-206）。
以上の議論を報道の文脈で言えば、報道者（報道局、キャスター、解説者ら）みずからが、いわば「ミドルマン」としての役割を担い、問題の発掘と解決者としての役割を担うということになる。これも先に触れたNHK富山放送局の事例は稀有であるが、貴重な事例となるであろう。

以上が、代替型社会学の3つの柱である。これについて改めて紹介したのは、代替型社会学の「代替性」が、先述のとおり日々報道されるニュースの「代替性」にそのまま当てはまると考えているからである。次に、社会学の「代替性」とニュースの「代替性」との関わりについて反復を厭わずあらためて定式化しておきたい。

「代替型」ニュースの3つの視点

「代替型」ジャーナリズムに基づいたニュースを「代替型」ニュースと呼ぶことにしよう。ここでいうジャーナリズムには、取材、編集、報道の総過程を指すものとしておく。

現行のニュースでは、日々多くのものが報道される。しかしこれらの多くは、上に述べた「不幸の減算」やＭＯ、ミドルマン的働きを念頭においているわけではない。「代替型」ニュースは、以下の３つの視点のいずれかに支えられたものを指す。３つの視点は、上述の「代替型社会学」の３つの柱に対応している。

①「幸福の視点」もしくは「不幸の減算の視点」

これはニュースを視ることが、視聴者に対して幸福をもたらすという視点である。幸福は、すでに述べたように「不幸の減算」から成っている。さらには、「幸福の連帯」という視点も入るかもしれない。ここで「幸福の連帯」というのは、ニュースの報道対象者や視聴者Ａに対して幸福をもたらしている（らしい）という事実が、視聴者Ｂ、Ｃ、Ｄ、……に対して幸福をもたらす、ということを意味している。たとえば、裁判で無罪か有罪かを争っていた一人の人間に対して無罪判決が下ったとしよう。その被告は当然幸福であろう。その判決の事実を報道がニュースとして流したとすると、そのニュースを視た視聴者のなかで幸福な思いに浸ることのできるのは、極言すれば被告人一人だけである。むろん、家族や支援団体、弁護人たちも幸福に思うであろう。さらに、被告と直接には無縁の視聴者も幸せな思いに浸ることもあるかもしれない。このような被告人以外の場合には、「幸福の連帯」という視点が成り立つ。

②「ＭＯの視点」

日々報道されるニュースが「幸福の視点」に支えられていたとすると、ニュースで取り上げる出来事を「ＭＯの視点」から取り上げることは、ほぼ機械的に可能である。「幸福の視点」に支えられたニュースは、ＭＯについての報道だと言える。実際のニュースの報道においては、ＭＯの視点に立脚したものは圧倒的に少ない。ＭＯを特定するためにはデータの蓄積と出来事を顧みる省察と分析を必要とするからである。ニュースの特徴の一つは、速報性にあると言われることがあるが、データの蓄積、省察、分析には時間を要するのが通例である。しかし、「ＭＯの視点」に支えられたニュースが現実に少ないとしても、「代替型」ニュースの独立の視点としては成立する。

③「ミドルマンの視点」

ニュースの報道に社会学におけるミドルマンとしての働きはあり得るだろうか。報道において、社会学者に対応するのは、報道の取材記者、解説者である。社会学者に託される行政サイドや市民サイドからの期待に対応するのは、報道内容のなかの問題を抱える存在、たとえば、核ゴミの処理に苦慮する人々の存在である。したがって、取材記者や解説者が問題解決についての可能性と方途について言及すれば、ミドルマンとしての働きを果たしていることになる。これらの働きには、高度の専門知識と見識とが必要になるだろう。ミドルマンとしての視点を生かしたニュースも、実際には少ないかもしれない。しかしながら、「ミドルマンの視点」に支えられたニュースが現実に少ないとしても、「代替型」ニュースの独立の視点としては成立する。

「代替型」ニュースの視点は、以上の３つである。なお、付言すれば、「代替型」ニュースの視点とは言えないけれども、報道の視点とでも言うべきものが一つある。それは「効率性の視点」である。すなわち、「ＮＨＫニュース７」の場合、通常は30分間から成っている。それも、ニュースの最後に流されるスポーツに関する話題や天気予報を含めての30分である。相対的に短いこの時間のなかで、どのような話題を報道し、どのような話題を切り捨てるかが選択されなければならないのである。端的に言えば、この制約的時間のなかで、いわば「どうでもよいニュース」や「どうでもよい話題」に時間を費やすことは視聴者にとって、無意味であろう。少しでも「意味のある」報道を制約時間内にうまく収めることが求められる。このような「視点」を私は「効率性の視点」と呼んでおきたい。

では、あらためて「代替型社会学」と「代替型」ニュースの関係はどうなっているだろうか。「代替型社会学」においては、一専門科学としての社会学が支えることで、現実の社会を理想の社会へと導く。それに対して、「代替型」ニュースにおいては、ニュースが現実の社会を理想の社会へと導くのである。

第3章　ジャーナリズムの3類型

ジャクソンの主張する「解決型」ジャーナリズムも本稿の主張する「代替型」ジャーナリズムも、既存のこれまでのジャーナリズムとは一線を画そうとする企図に基づいている。ここでは既存のこれまでの主流ジャーナリズムを「従来型」ジャーナリズム（Conventional Journalism）と呼んでおくことにする。その結果、ジャーナリズムには3つの類型がある、ということになる。以下では、その3つの類型の特徴をあらためて略述し浮き彫りにすることによって、相互の差異がどこにあるかを述べてみたい。

いずれの類型であるかを問わず、ニュース（とその取り扱い方に関する基本的考え方としてのジャーナリズム）は、多くの情報からその一部を切り取るところから始まる。ニュースとして顕在化する以前にその何倍もの情報量が先行的に存在するはずである。個々の報道記者が日々収集してくる生の情報が「基礎情報」を作り上げる。この基礎情報のなかには、たとえば政府による「記者発表」で半ば制度化されて発表（リリース）されるものもあれば、個々の記者が密かに潜行して収集してくるものもあるだろう。

さて、この「基礎情報」と3つの類型との関係はどうか。まず、「従来型」では多くの編集を経て）基礎情報の取捨選択が行われる。では、その取捨選択の基準は何か。これがTVニュースであれば、各TV局の編集の「個性」を作り上げる。たとえば、国際ニュースが多いとか国内ニュースが多いとか。政治ニュースが多いとか経済ニュースが多い、といったように。いずれにせよ、その結果、実際の報道に供せられる情報は、基の「基礎情報」の何分の一とは精確には言えないが、きわめて「少ない」情報に「縮約」される。したがって、「基礎情報」と3つの類型の関係は、この「縮約」のあり方に依存すると言って良い。

各TV局の「個性」をいま棚上げにするとしても、「従来型」においては「基礎情報」の部分集合（＝ごく一部）が実際の報道に流れると言える。むろん報道の末端においては、担当するアナウンサーやキャスターが、原稿を「読みやすい」ように手を加えるとも伝えられているので、TV局の「個性」以上の「個性」が表れるであろう。しかし基本的には、「基本情報」の部分集合がそのまま加工されることなく流される、という点が「従来型」の特徴である。

それに対して、「解決型」は「解決型」なりに、「代替型」は「代替型」なりに基本情報を取捨選択し、視聴者にたいして独自の報道内容を提示する。「解決型」であれば、問題と解決に関わる基本情報から、現実の反映を念頭に、一部を取捨選択し報道に供する。「代替型」であれば、基本情報のなかから「代替型」に相応しいニュースに、「代替型」としてのメッセージを添えて報道に供する。

これまで、ニュース、報道、ジャーナリズム、（基本）情報、といった言葉をかなりの程度互換的に使用してきた。たとえば、ジャーナリズムには、当然、新聞、雑誌、ラジオ、社会的メディアなどが含まれ、ＴＶだけに限られるわけではない。ニュースにしても同様である。ＴＶニュースにしても、定形化されたもの以外に、ワイド番組の様式のなかで報道が扱われることも多い。それらの事柄をよくよく弁えておく必要があるだろう。そして、その様式の違いが生み出しているかもしれない「視点」の違いについても着目する必要があるだろう。しかし、ここではそれらのことを承知したうえで、一括して議論したい。具体的にイメージしているのは、あくまでも「ＴＶニュース」である。

第4章　「解決型」ジャーナリズムと「代替型」ジャーナリズムの異同

　2つのタイプの間には、共通点がある。すでに示唆したように、「従来型」に何かを付加しようとする姿勢である。「解決型」の場合は、戦争、犯罪、飢饉等の「問題に焦点をおいたニュース」が中心となっている「従来型」に、「解決ニュース」を加味しようとしている。「代替型」は、「従来型」が想定していない視聴者の「幸福」（＝不幸の減算）、MO、ミドルマンという要素を加味しようとしている。「従来型」に何かを加味するという姿勢は、「解決型」、「代替型」ともに何がしかの「物足りなさ」を「従来型」に感じているためである。

　では、「解決型」と「代替型」の違いはどこにあるか。まず、知的背景の違いがある。「解決型」は端的に言えば、ポジティヴ心理学に基づいている。ポジティヴ心理学とは個人や社会を反映させるような強みや長所を研究する心理学の一分野である。ジャクソンが繰り返し「エンパワーメント」という言葉を使用していることに象徴される。個々人のもっている潜在能力を最大限に発揮させることによって、問題の解決に資するということである。それに対して、「代替型」

は「代替型社会学」に基づいている。代替型社会学の研究内容や研究方法に一元的なものはないけれども、個人の能力を発揮させることよりは、より良い社会の実現に関心をもっている。

さらに、「解決型」と「代替型」の間には、〈視点〉の違いがある。「解決型」では、むろん問題解決に視点を定めている。むろん先に述べたように、「問題ニュース」をまったく視るべきではないと言っているのではない。そうではなくて、世界のあるがままの状態で「問題」と「解決」がどのような割合を占めているか、その割合を反映させた「ニュースの視方」が求められる。他方、「代替型」は幸福（ないし不幸の減算、幸福の連帯）とMO、ミドルマンに主たる視点を定めている。個々のニュースが、どこまで「代替型」の理念を満たしているかが鍵となっている。なお、「解決型」と「代替型」の違いについては、末尾の「まとめ」の7．11も参照いただきたい。

第5章　「従来型」ニュースの諸機能

「伝来型」ニュースがもち得る機能というものがある。まず、視聴者のあるがままの、つまりは良し悪しを別にしてみた場合の「ニュース選好」が視聴者を納得させるという機能である。ケアステッド（Keirstead, P. O.）やウォード（Ward, W.）はニュースの要素を、異常性、コンフリクト、インパクト、マグニチュード、著名性に分類した（門奈直樹『新社会学辞典』、有斐閣、1993、p.1133a）。詳細は省くが、これらの要素を内包したニュースはそれぞれ視聴者の潜在的顕在的関心に応える。さらに、ニュースによっては、視聴者の視る世界を広くするという機能である。報道される以前は、見たことも行ったこともない世界を疑似体験することを可能にする。国際政治の動きについてのニュースは、視聴者の視野を広げる。さらに、報道は将来への期待を変えるという機能もある。たとえば、報道の反復が、脱炭素社会への期待、ゴミ処理への期待、二度と戦争はごめんだ、といった思いへの期待の醸成を生む。これらは、いずれもいわばニュースの「正機能」である。

もう一つは、報道を通して将来の出来事に対してもちうる負のコントロール機能である。最近の事件のなかから一例を挙げよう。五輪・パラリンピック談合事件が起きた。繰り返し、これについてのニュースを視聴していると、そこに関わった企業や人々、談合のやり方を通して、「五輪・パラ」自体についてのマイナスのイメージが視聴者の間に定着することが予想される。そうすると、将来、五輪・パラを日本で開催することについての人々の賛同が得られにくくなる、といった機能である。これは、いわばニュースの「逆機能」である。

ブーアスティン（Boorstin, D. J.）の指摘するように、ニュースが作り出すのは、本当の現実ではなく、「疑似イベント」である。視聴者は、TVニュースを視るとき、多かれ少なかれこの「疑似イベント」の影響を受けている。

第6章　「代替型」ジャーナリズムの具体的展開

　ここでは、「代替型」ジャーナリズムの具体的展開について述べる。話を具体的にするために、日々報道されるTVニュースを素材に取り上げ、もし「代替型」ジャーナリズムからすればどのような報道が可能であったか、どのような報道にすべきであったかについて述べたいと思う。むろん、すべての報道が「代替型」に置き換えられるというのではない。置き換えの余地のないものについては「従来型」として処理するほかはない。素材としては、任意に選んだ約ひと月間、2023年2月17日から3月18日までの「NHKニュース7」を取り上げることとする。

「NHKニュース7」を取り上げるのは、それを視るのが私の習慣になっているからというのがそもそものキッカケではあったが、合理的根拠としては、そのニュースが類似の他局のニュースに比べて、有意に視聴率が高いことによる。ちなみに、2月21日（火）の視聴率は、7・3％（個人視聴率）、12・7％（世帯視聴率）であった（ビデオリサーチ調べ）。

　以下、まず「NHKニュース7」でそれぞれのトピックがどのように伝えられたかをきわめて簡潔に述べ、これを〈報道内容〉とした。次に、「代替型」があり得るとすれば、どのような報道になるかについて略記し、その「代替型」の根拠（どの視点に基づくか）について、コメントとして、述べるようにした。このパターンを、一つひとつのトピックについて、報道順に記述していく。

なお、細かいことであるが、「NHKニュース7」においては、30分の制約のなかでかなり多くのニュースが取り上げられるのが通例である。しかし、ここでは、7時の冒頭にパネルで表示される項目見出しのものを中心として議論の対象とすることを最初に断っておきたい。それらの項目が「その日の重要トピック」であるからである。むろん、項目見出しに表示されなかったものが「重要でない」と断定するつもりはないけれども。冒頭のパネルに示されなかったニュースや、解説・コメント抜きで報じられる〝出来事〟についてのニュースは原則として『その他のニュース』として摘記しておくことにする。

2月17日（金）

●「H3」ロケット1号機打ち上げ中止

報道内容　補助ロケットの着火に至らなかったので、「H3」の打ち上げは中止した。プロジェクト・マネージャーは、「今回の停止は残念だったが、3月10日までに再度打ち上げに挑戦したい」と述べた。「残念、がっかり」といった見学者の多くの声。
コメント　これは「従来型」。どうして着火しなかったのかについて、本格的な究明は後刻のこととしても、現時点でのコメントがあれば、「代替型」（ＭＯの視点）。

●寒さをしのぐテント不足
報道内容　トルコ・シリア大地震の死者は４３、０００人に達し、避難者が寒さをしのいでいるテントが不足している。日本からも、寝袋の供給や医療チームの派遣といった形で支援が行われている。岸田首相は新たにトルコへ８５０万ドルの支援を決定した。
コメント　これは「従来型」。個人での支援金を送ることは可能か、その送付先と送付方法はどうなっているか、についてテロップ情報に加えて、アナウンサーやキャスターによる音声の情報提供を行っていれば、「代替型」（幸福の視点）。

●精神科病院で暴行事件
報道内容　暴行や虐待事件が発生し、10人に及ぶ入院患者への暴行に及んだ看護師のうち、１人が逮捕された。東京都は詳しい聞き取りをする予定である。
コメント　これは「従来型」。なぜ、暴行に及んだのか。対象は、たとえば、過去の経緯に基づく特定の個人なのか、それとも職業環境に対する不満なのか、あるいはそれ以外なのか。それらの背後事情についてのコメントがあれば「代替型」。そうすれば、それぞれ取捨選択した基本情報を基に、類似の事情を抱える職場環境においても、類似事件が起こらないための事前の対策を講ずる参考となる（幸福の視点、MOの視点）。なお、この段階での報道は、「詳しい」事実経過や被逮捕者の動機、事件の内容が明らかでない以上、時期尚早の報道と見なし得るかもしれない。

●LGBTの支援団体と岸田首相が面会

報道内容　岸田首相が3つのLGBT支援団体と面会し、「同性婚」を否定した先の首相秘書官の発言を陳謝するとともに、その後の国会答弁で自ら行った発言の「真意」について釈明した。「多様性が尊重され、すべての人々がお互いの人権や尊厳を大切にし、それぞれの人生をいきいきと過ごせる社会を目指すべく、努力していかなければならず、意見を聞かせてほしい」と述べた。団体のメンバーは、「国会で議論されているLGBTの人たちへの理解を増進する法案の成立だけですべてが解決されるわけではない」と述べ、同性婚の制度の実現や差別を禁止する法律の制定などを訴えた。そのほか、記者団に対しては「コミュニティーの人から意見を吸収し、ディスカッションする場をきちんと作ってほしい」という意見（交流施設の運営代表者）や、「きょうを境にして抜本的に政策が加速し、変化していくことを期待している」（ＬＧＢＴ法連合会事務局長）などの意見が述べられた。

コメント　これは「従来型」。

●まもなく侵攻1年／ミュンヘン安全保障会議開幕

報道内容　ミュンヘン安全保障会議が開幕し、ウクライナ侵攻の対応が最大のテーマとなった。ウクライナのゼレンスキー大統領はオンラインの演説で、各国の軍事支援に遅れがあってはならないと訴えた。会議にはアメリカのブリンケン国務長官と中国の王毅政治局委員も出席する予定で、アメリカ軍が撃墜した中国の気球をめぐって両国の応酬が続くなか、接触の機会があるのかも注目されている。国連軍縮部門のトップを務める日本の事務次長は、「核兵器が使われる危険性はいま非常に高くなっている。リスクを減らすための対策が早急に求められている」と危機感をあらわにし、核使用のリスクを最小限に抑えるべきだと訴えた。

コメント　これは、「従来型」。過去のミュンヘン安全保障会議との差異点に論点を絞る、類似の国際会議との比較に論点を絞る等を通じて、過去の会議が、その後上手く実を結ばなかった点についての報道があれば「代替型」（ＭＯの視点）。

2月18日（土）

●北朝鮮、弾道ミサイル発射、北海道ＥＥＺ（排他的経済水域）区域内に落下

報道内容　防衛省が標記の発表をした。浜田防衛相が口頭で、「北京の大使館を通じて北朝鮮に厳重に抗議し、強く非難した」と説明した。岸田首相は「国際社会全体に対する挑発をエスカレートさせる暴挙であり、当然のことながら厳しく抗議した」と述べた。そのうえで「国民の安心・安全が何よりも重要だ。今後とも情報収集や警戒監視に全力を挙げるとともに、日米、日米韓の連携を緊密に図っていきたい」と述べた。アメリカと韓国はミサイル開発に拍車をかける北朝鮮に対し、抑止力の強化を図る姿勢を示して強くけん制してきた。

北朝鮮外務省は米韓両国が過去最大の規模で軍事演習を実施しようとしていると非難する談話を発表し「前例のない強力な対応に直面する」として両国を強くけん制してきた。

なお「ＮＨＫニュース７」は、断続的に、政治部記者、ソウル支局員、アメリカ総局員、元海上自衛隊幹部四者のそれぞれ解説やコメントを報じた。

コメント　これは「従来型」。

●ミュンヘン安全保障会議

報道内容　この会議に出席したゼレンスキー大統領は「各国の軍事支援に遅れが生ずれば良く

ない」と述べた。フランスのマクロン大統領、ドイツのショルツ首相からは、それぞれ軍事支援についての見解が述べられた（詳しい内容は省略）。互いに反目しあう米中の姿勢が注目される。

コメント　これは、「従来型」。

●G7外相会合が日本を議長国として開幕

報道内容　冒頭、議長を務める林外務大臣は、北朝鮮のミサイル発射に言及し、北朝鮮による過去に例のない頻度での弾道ミサイル発射は日本の安全保障への差し迫った脅威であり、国際社会の平和と安全にとっても脅威だ。到底容認できず、G7で緊密に連携していきたいとよびかけた。

コメント　これは「従来型」。

コメント　今日のニュース

今日のニュースは事実上以上の3件に終始した。視聴者にとって、いずれも「身近な」話題ではない。視聴者のなかには、国内の新型コロナ問題はどのようになっているのか、ロシア＝ウクライナ関係にしても、どのような戦闘状況に今はあるのか、トルコ・シリア大地震のその後はどのような状況になっているのか、他の諸事件の「その後」はどうなっているのか、等々について

「知りたい」と感じた人々もいたのではないだろうか。①このような報道状況が続くならば、ニュースが自分とは縁遠い「面白くない」ものと感じて、「ニュース離れ」が起こりかねない。②他のあり得るニュース（質量とも多くの「基本情報」）が触れられないことによって、むしろ「不安感」が増幅されないとも限らない。③ニュースは、現実には提供者の一方的選択によるとはいえ、需給の質的量的バランス（＝視聴者の「需要」と提供者による「供給」との間の）が求められる。

2月19日（日）

●米韓が、北朝鮮のミサイル発射に対抗して共同軍事訓練
報道内容　米韓が、北朝鮮のミサイル発射に対抗して共同軍事訓練を行った。
コメント　これは「従来型」。

●ウクライナ支援継続にも温度差
報道内容　ウクライナ東部・西部では激しい戦闘があった。ウクライナ支援継続には各国の一致は見られたものの、そこには温度差が窺《うかが》えた。ミュンヘン安全保障会議では、ウクライナのクレバ外相は追加の軍事支援を求めたが、ドイツのショルツ首相が慎重な姿勢を示すなど、各国間

に「温度差」がみられた。ウクライナへは、ジョージアを含む外国からの義勇兵も参加した。

コメント　これは「従来型」。

●トルコ・シリア大地震で、12日ぶりに夫婦救出

報道内容　トルコ・シリア大地震で、全体では４６、０００人以上の死者が確認されたものの、12日ぶりに救出された夫婦もいた。再建が見通せないことから故郷を離れる人々も出始めた。

コメント　これは「従来型」。この報道が日本国内でのニュースであることを考えると、たとえば阪神・淡路大震災や東北大震災において故郷を離れた人々の経緯や比率を対比的に示すことで、このニュースを視聴者にとってより身近なものとすることもできる。そうすることで、二度と同様の経験をトルコ・シリア大地震においても繰り返さずに済むヒントにさえ言及することが可能になり、「代替型」となり得る（幸福の視点、ＭＯの視点）。

●上野動物園のパンダ・シャンシャンあさって中国に返還

報道内容　上野動物園のパンダが中国に返還されるということで、最後の観覧が行われ、人々は別れを惜しんだ。

コメント　これは「従来型」。

●立憲民主党の党大会開催

報道内容　立憲民主党の党大会が開催された。泉代表は子ども予算の倍増を最優先させるとともに、同性婚や選択的夫婦別姓の法整備の必要性を訴え、政権交代に全力を挙げると述べた。岡田幹事長は「おととしの衆議院選と去年の参議院選で連敗し、もうあとがない。このままでは政権交代可能な政治は実現できないという強い危機感を共有し、踏んばらなければならない」と述べた。

コメント　これは「従来型」。

●失業給付の見直し

報道内容　自己都合による離職者に対する失業給付を、待期期間の7日間に加えて原則2か月間受給できない「給付制限」の措置が設けられているが、（グリーンやデジタルといった成長産業などへの労働移動を促す必要から）6月までに見直す方針と岸田首相が明らかにした。

コメント　これは「従来型」。付言すれば、この「見直し」が何故、どのようにして「グリーンやデジタルといった成長産業などへの労働移動を促す」ことに寄与するのかの分かりやすい説明があれば、「代替型」（幸福の視点、MOの視点）。

２月20日（月）

●トルコ・シリア大地震、助かった命を守る
報道内容　死者は４６、０００人以上に及んだ。被災者の健康を守るための衛生所が求められる。また、現地からの取材記者によるリポートでは、「住まいの確保」が大切だと報告された。
コメント　これは「従来型」。

●バイデン米大統領、ウクライナを訪問（速報）
速報というかたちで、バイデン米大統領のウクライナ訪問が報じられた。

●キム・ヨジョン氏、さらなる発射を示唆
報道内容　日米韓は連携して「国連安保理」の緊急会合の招集を要請した。
コメント　これは「従来型」。

●松本零士さん死去
報道内容　ロマン、ＳＦ、宇宙などをテーマに描き続けた漫画家の松本零士さんが死去した。
コメント　これは「従来型」。

●ウクライナ侵攻まもなく1年

報道内容　欧州各国が危機感を表明した。アメリカのブリンケン国務長官はロシアに軍事支援を検討している中国側を強くけん制した。

コメント　これは「従来型」。

●保育現場が求める少子化対策

報道内容　専門家からのヒアリングが行われ、「すべての子どもたちが保育を受けられる権利を保障する制度の導入」の意見が出された。専門家は、保育士の人数を定めた「保育士の配置基準」を見直すこと、家庭での子育ての大変さに届く支援を、産前産後から切れ目なく行っていくことが重要だと指摘している。

コメント　これは「従来型」。視聴者のなかには当然、保育士問題や子育てに直接関わらない人々がいる。だとすれば、イギリスにおける「配置基準」との比較を通して視聴者の理解を増すような報道であれば「代替型」。これにちなんだ参考書として、ブレイディみかこ『THIS IS JAPAN　英国保育士が見た日本』（2020、新潮文庫）参照（幸福の連帯の視点）。

●中小企業の賃上げ

報道内容　中小企業において、80％が賃上げを行うと民間調査で回答した。
コメント　これは「従来型」。

コメント　今日のニュース
今日のニュースにおいては、ニュースの提供者と視聴者の間の「受給バランス」の問題が浮き彫りになった。平たく言えば、視聴者が知りたいことがどこまでカバーされているか。「バランス」は、ニュースの内容とそれを知りたい視聴者の比率のバランス、視聴者の層（年代、性別、職業）とのバランス、トピックそのもののバランス、等々が考えられる。バランスを著しく欠く報道が続くならば、ニュースそのものからの視聴者の離反、視聴者のなかに不安（＝もっと他に大切なニュースがあったのではないか）が生まれる危惧がある。

2月21日（火）
●バイデン米大統領、ウクライナへ電撃訪問
報道内容　バイデン米大統領がウクライナを電撃訪問した。専用機でポーランドに入り、その後列車で10時間かけてウクライナの首都キーウに到着した。同行した記者は2人、彼らへのメールのタイトルは（詳細を秘匿するため）「ゴルフ・トーナメント（のスケジュール）」と記されて

いた。ハリス米副大統領にも、ウクライナ訪問は知らされていなかった。

バイデン大統領はゼレンスキー大統領に対し「ゆるぎない支援」をすることを表明した。

コメント　これは「従来型」。しかし、限られた報道時間の制約のなか、報道すべきは中核情報であり、訪問の「秘匿性」や秘匿の方法等については「効率性の視点」から、割愛すべきだとも考えられる。詳し過ぎる報道は、視聴者の「ニュース離れ」を引き起こす恐れがある。

●プーチン大統領は、年次教書を演説
報道内容　ロシアのプーチン大統領は、年次教書を演説するとともに、「ロシアを負かすことは不可能だ」と述べた。そして、あらためて（侵攻の）「継続」を正当化した。関連して、アメリカは中国のロシアに対する軍事支援を懸念し、中国は責任転嫁をするなと述べた。
コメント　これは「従来型」。

●トルコでまた大地震
報道内容　新たな被害が出た。孫の思い出の品を捜してまわる人々の映像が流れる。
コメント　これは「従来型」。

●４人組の男たちが事業所に押し入り、９００万円の現金を奪う
報道内容　４人組の男たちが板橋区の化粧品や日用品などを扱う事業所に押し入り、中に居た女性従業員にスプレーのようなものをかけて、現金９００万円を奪った。防犯カメラにその様子が映っていた。先の、広域強盗との共通点は見られなかった。
コメント　これは「従来型」。特定の事業所を選んだことについての捜査状況についての報道があれば「代替型」。そうすることで類似の事業所の警戒をより具体的にすることがいくらかでも可能になったはずである（不幸の減算の視点）。

●培養肉の研究進む
報道内容　培養肉の研究が進んでいる。食料不足の背景がある。研究のルールを整備し、安全性確保に留意すべきである。
コメント　これは「従来型」。

●さよならシャンシャン
報道内容　シャンシャンが中国・四川省に無事戻った。和歌山県のパンダ「永明《えいめい》」も同様。
コメント　これは「従来型」。

その他のニュース

・「国民負担率」高水準続く。

・ロシア、GDP伸び率前年のマイナス2・1%に。

・浜松市の海岸で、〝謎の金属製の球体〟（機雷のようなもの）があると警察に通報があった。

2月22日（水）

●狛江強盗殺人事件、4人の実行犯逮捕

報道内容　狛江強盗殺人事件に関連して、4人の実行犯が逮捕された。実行役が誰であったかなどから指示系統が解明されつつある。携帯電話の状況からは、データはほとんど残されていないことが分かった。

コメント　これは「従来型」。なぜ狛江の老人1人に「強盗殺人」がなされたのかの理由の説明が繰り返し報道されていれば、ニュースが視聴者自身を守ることに益するので、「代替型」〈ありうる〉不幸の減算の視点）。

●ウクライナ侵攻1年を前に、各国の動き

報道内容　米ロは互いに非難をした。ロシアは、米ロ核軍縮履行を停止し、アメリカはロシアが勝つことはないと述べた。ロシアと中国のさらなる連携に、アメリカは懸念を示した。
　コメント　これは「従来型」。

●ロシアに拠点をおく日本企業の6割以上が、事業を停止もしくは撤退
　報道内容　ロシアに拠点をおく日本企業の6割以上が、事業を停止もしくは撤退した。
　コメント　これは「従来型」。

●約4年ぶりに日中安保対話
　報道内容　約4年ぶりに日中安保対話が開催された。日本側が、中国がロシアとも連携して日本周辺で軍事的活動を活発化させていることなどに深刻な懸念を示す一方、両者は意思疎通を継続・強化を確認した。
　コメント　これは「従来型」。

　その他のニュース
　・旧統一教会に返金を求める集団交渉が開始された。

2月23日（木）

●ウクライナ軍事侵攻1年
報道内容　ロシアでは核軍事増強、ウクライナは夏に反攻できるか。
コメント　これは「従来型」。

●まもなくG7会議
報道内容　G7では、ロシアへの制裁とウクライナ支援を議論する見込みである。
コメント　これは「従来型」。

●ウクライナからの避難者受け入れ、自治体により支援内容に差
報道内容　日本ではウクライナからの避難者を受け入れているが、自治体によって支援内容に差が生じている。国に求めたい支援はあるかを自治体に尋ねたところ、74%が「ある」、23%が「ない」と答えた。支援内容については、財政支援、通訳の確保、就労先の確保、教育に対する支援、などであった（%割合はここでは省略）。立教大学大学院の長教授は、国の関与が足りていない、とコメントした。
コメント　これは「従来型」。こうした現実を前に、視聴者の個々人ができること、すべきこ

とは何か、のメッセージ（誰かの意見でも良いし、報道の提供者側の意見でも良い）があれば「代替型」（幸福の視点）。

●狛江の強殺事件の翌日も別の計画

報道内容　狛江の強殺事件の翌日も別の犯行計画がなされていたことが分かった。すでに、資産状況を事前にアポ電話で確かめるなどしていた。

コメント　これは「従来型」。できるかぎり詳細なアポ電話の内容（どのような言葉を用いて資産状況を調べたのか）を取材し、報道がなされていれば「代替型」。そうすることで、視聴者の二次被害を少しでも防げる効果をもつ〈ありうる〉不幸の減算の視点）。

●天皇誕生日にあたり、一般参賀が行われた

コメント　これは「従来型」。

●五輪・パラ談合事件　入札事業者から一覧表を作成

報道内容　入札前年度夏から受注企業の一覧表を作成し、その都度内容を更新した模様であった。

コメント　これは「従来型」。

2月24日（金）

●ウクライナ侵攻1年（普段の30分ニュースを1時間に延長）

報道内容　ウクライナ侵攻から丸1年が経ったが、戦争の長期化は不可避である。（ここから断続的に、専門家2名が入る）現地の声：停電への備え、侵攻防ぐバリケード。最近の戦況分析：死者8、000人以上。ロシアの思うようには進んでいない。ロシアでモノ不足はなし、暮らしも悪くなっていない。予備兵召集に不安。ロシア経済はGDPの伸び率はマイナス2・1％。プーチン政権内は個人支配化。エネルギーが高騰し、物価が上昇。仕入れ先の分散化。米：ウクライナ支援。支援は続けるものの、支援疲れが国民の間に拡がっている。日本の支援：約15億ドルに加え、さらに約55億ドルに。必需品、食糧、ソーラーランタンなど。日本への避難者2、308人に。彼らは、清掃アルバイトなどに従事。日本語の習得が課題。日本のやれること：ウクライナの経済を支えること、人道支援など。

コメント　これは「従来型」。

●岸田首相、G7でロシアに対する新制裁を議論に。ウクライナに対する人道、復旧・復興支援

を主張。物価高に対応

コメント　これは「従来型」。

●植田日銀総裁候補、金融緩和策継続

コメント　これは「従来型」。

●狛江強殺事件

報道内容　現場周辺に向かった2台のレンタカーのうち、1台を事件後に近くで乗り捨て、もう1台の車で逃走した。乗り捨てた車に捜査の目を向けさせ容疑者の割り出しを遅らせる狙いがあったとみられる。別の事件でも同様の手口が使われていた。

コメント　これは「従来型」。ただし、「手口」に関する言及など、詳細は不要（効率性の視点）。

コメント　今日のニュース

今日のニュースにおいては、ふたたびニュースの提供者と視聴者の間の「需給バランス」の問題が浮き彫りになった。

2月25日（土）

●トルコ・シリア大地震

報道内容　トルコ・シリア大地震の死者は合計で5万人以上に及んだ。テントは足りているものの、国をもたないクルド人の多い地域には支援が少ないので、支援が求められる。

コメント　これは「従来型」。

●ウクライナ情勢

報道内容　中国が文書を発表し、「ロシアとウクライナ　対話で停戦を」と呼びかけた。そしてすべての当事者が対立を激化させずロシアとウクライナが互いに歩み寄ることを支持し、直接的な対話をできるかぎり早く再開して全面的な停戦を実現するよう呼びかけた。また、「対話と交渉がウクライナ危機を解決する唯一の実行可能な方法であり、国際社会は話し合いを促すことを堅持すべきだ」と主張した。このほかロシアのプーチン政権が核戦力の使用も辞さない姿勢を見せるなか「核兵器の使用の威嚇に反対すべきだ」と強調し、「化学兵器の使用や原子力施設への武力攻撃にも反対する」と述べた。

コメント　これは「従来型」。

●Ｇ７、エネルギー、食料の高騰について議論した。インドはとりまとめに意欲を示した
コメント　これは「従来型」。

●五輪・パラ談合事件で、電通は入札の選考方法の策定に関わる
報道内容　五輪・パラ談合事件で、電通は入札の選考方法の策定に関わり、大会組織委員会に対して受注実績を重視するよう助言していた。
コメント　これは「従来型」。ただし、視聴者にとっては、談合経緯の詳細は「どうでもよい」ことである。

●南海トラフ地震が起きると
報道内容　南海トラフ地震が起きたときの対策を急げ。３００万人分の仮設住宅の不足が見込まれる。備蓄拠点の整備が必要である。
コメント　これは「従来型」。ただし、個々人で何をすべきか、何ができるか、の視点があれば「代替型」（不幸の減算の視点）。

●精神科病院における暴行事件
報道内容　この暴行事件では、医療・ケアも問題だった可能性があるとして、あらたに患者家族から弁護士のもとに相談が寄せられている。元職員は「褥瘡《じょくそう》ができている患者がいて、他の病院なら傷に汚いものが当たらないように透明の保護シートを貼ったりするが、この病院では、『上司が『それは高いからそんなに使うんじゃない』と注意するなど、処置をする物自体が十分に備えられていなかった」と話した。
コメント　これは「従来型」。

●バンクシーの壁画をモチーフにした切手の販売開始
報道内容　ウクライナでは、バンクシーの壁画をモチーフにした新しい切手の販売か始まった。
コメント　これは「従来型」。ただし、簡単であっても、販売に至る経緯の背景の説明や、販売主体、販売意図などの説明が欲しかった。

●米国内で「オミクロン株XBB・1・5」が急増し、新型コロナ感染の85%になった
コメント　これは「従来型」。

2月26日（日）

●ウクライナ侵攻1年、中国の動き活発

報道内容　ウクライナ侵攻1年を迎え、中国の動きが活発化している。対話の再開を主張。ウクライナ東部では戦闘が激化している。中国はロシアへの武器供与を申し出、これに対しウクライナは認められないと主張している。

コメント　これは「従来型」。

●トルコ・シリア大地震、企業活動停滞大きく

報道内容　倒壊建物をめぐり責任追及の動きが広がっている。司法当局は180人以上を逮捕した。

コメント　これは「従来型」。

●自民党・党大会〝統一地方選へ結束を〟

報道内容　自民党・党大会が開催され、脱炭素、外交、少子化対策等が議論された。G7の成果をG20につなげ、アセアン会議に持ち込みたいとの意向が示された。エネルギーや食料の物価高対策も論じられた。

コメント　これは「従来型」。

●キム総書記に拉致被害者家族会が人道支援メッセージを発表

報道内容　「親世代の存命のうちに全拉致被害者の帰国が実現するなら、政府が北朝鮮に人道支援を行うことに反対しない」と明記した。人道支援にまで踏み込んだメッセージは初めてで早期解決に向けた政府の取り組みとキム総書記の決断を強く促すねらいがある。

コメント　これは「従来型」。

●王将戦で藤井聡太五冠が防衛に王手

コメント　これは「従来型」。

●新年度の賃上げ

報道内容　新年度の賃上げに関して、非正規雇用に対しては55％が、正社員を含む全体については80％が「行う」と答えた。

コメント　これは「従来型」。

その他のニュース

・「ソユーズ」宇宙船が国際宇宙ステーション（ISS）に到着。
・『ONI～神々山のおなり』（堤大介監督）がアニー賞を獲得。
・鳥インフルエンザ（カンボジア）で、少女が死亡。

2月27日（月）

●39年前の強盗殺人事件の再審決定

報道内容　39年前の強盗殺人事件の再審を大阪高裁が認めて決定した。大阪高裁は、容疑者がうその自白を強要されたことを認めた。

コメント　これは「従来型」。ただし、どのようなプロセスを経てこの決定に至ったのかの追加情報が欲しかった。

●障害者の「将来の収入」は85％

報道内容　交通事故で亡くなった聴覚障害女児の将来の収入は、平均労働者賃金の85％とするとの判断を大阪地方裁判所が下した。遺族は、差別を認める判決だと訴えた。

コメント　これは「従来型」。

●トルコ・シリアの大地震3週間
報道内容　食料確保から生活再建へと焦点が移りつつある。仕事や家族を失って将来を見通せず、経済的支援が必要である、と報道された。
コメント　これは「従来型」。以前にも述べたように、個々の視聴者の可能な義捐金《ぎえんきん》の送付方法と送付先についての情報を、テロップのかたちででも提示しつづけていれば、「代替型」（幸福の連帯の視点）。

●国会衆議院での審議
報道内容　衆議院での審議が行われ、岸田首相と各党委員との間でやりとりが行われた。トピックは、少子化対策、トマホーク、賃上げ、海外での臓器移植、日本学術会議の見直し案、消費税などであった。
コメント　これは「従来型」。

●米、ロシアへあらたな制裁措置
報道内容　アメリカはロシアや第三国の団体などに対する制裁措置を発表し、このなかにはロシアの制裁逃れに関与したとして中国の企業に対する制裁措置も含まれている。

コメント　これは「従来型」。

●植田日銀総裁候補、金融緩和継続

報道内容　金融緩和は継続し、アベノミクスについては「インフレ率が持続的・安定的に２％を達成するよう続けるという意味で踏襲する」と述べた。

コメント　これは「従来型」。

●猫の切断された遺体見つかる

報道内容　猫の切断された遺体見つかる。犯罪心理学者は、背後に「ストレスの発散や自己顕示欲」が見られる、と話した。

コメント　これは「従来型」。この〈報道内容〉に留まるなら、視聴者の漠然とした不安感をかきたてるだけである。具体的にできることを示唆するか、できないならばこの報道を見送ることも必要。

その他のニュース

・中国対象の新型コロナの水際措置が、あさってから緩和。

・「Rapidus」（先端半導体新会社ラピダス）の新工場が、北海道に建設されることになった。
・宗教団体「エホバの証人」が子どもの輸血を拒否するなど児童虐待にあたる可能性があると、元信者を支援する弁護団が厚生労働省を訪れて訴えた。

2月28日（火）

●広域強盗事件、5人目を逮捕
報道内容　一連の広域強盗事件に関わる5人目が逮捕された。
コメント　これは「従来型」。

●談合事件、電通グループや博報堂を含む6社と7人を独占禁止法違反の罪で起訴
報道内容　談合事件、電通グループや博報堂を含む6社と7人を独占禁止法違反の罪で起訴した。
コメント　これは「従来型」。

●国内年間出産数が80万人を下回る
コメント　これは「従来型」。

●ポイント付与、マイナンバーカードの駆け込み申請で混雑
報道内容　「マイナポイント第2弾」の対象となるマイナンバーカードの申請は2月28日までとなっているが、各地の自治体の窓口が混雑した。
コメント　これは「代替型」。マイナンバーカードの使い方やメリットについて、未だ取得していない視聴者に対して今一度報道していれば「代替型」（幸福の視点）。

●卵の値上がりが過去最高値
報道内容　卵の値上がりが過去最高値となった。鳥インフルエンザが拍車をかけている。
コメント　これは「従来型」。

●新年度予算案について衆議院で討論、可決
報道内容　新年度予算案について、衆議院で討論し、可決された。
コメント　これは「従来型」。

●共同訓練を実施、多国間演習がアメリカ主導のもと、中国を念頭において実施された
報道内容　陸上自衛隊とアメリカ海兵隊、インド陸軍が共同訓練を実施した。

コメント　これは「従来型」。

●「エホバの証人」弁護団〝親にむちで打たれた〟
報道内容　「エホバの証人」の信者を親にもつ2世や元信者らを支援する弁護団が会見を開き「親にむちで打たれた」などとする複数の証言が寄せられたとして詳しく調査を進めるとともに、行政などに情報を伝えていく考えを示した。
コメント　これは「従来型」。

3月1日（水）

●中学校で教員切りつけ、猫切断事件ほのめかす
報道内容　17歳の少年が中学校で教員を切りつけた。2日前の猫切断事件関与をほのめかした。
コメント　これは「従来型」。教員切りつけの動機と猫切断事件（にも関与したと仮定して）の根底の動機は何だったのか？

●車が病院に突っ込み、2人が死亡
報道内容　車が突っ込み、2人が死亡した。

コメント　これは「従来型」。そもそもこの報道は必要だったか。報道の目的、狙い、意図が不明。

●就職活動本格スタート、「スカウト型」で人材確保
報道内容　就職活動が本格スタートした。採用人数を〝増やす〟とした企業が、文系理系とも昨年より上昇した。「スカウト型」で人材確保しようとしている企業が増えている。
コメント　これは「従来型」。

●副業で赤字装う
報道内容　副業で赤字を装えば、所得税の還付を受けられると指南した都内のウェブサイト運営会社の代表が、所得税法違反の疑いで東京国税局から告発された。
コメント　これは「従来型」。

●参議院で論戦が行われた
報道内容　主な議題は、子ども政策、孤独・孤立政策、新型コロナの５類への移行、トマホークなど。

コメント　これは「従来型」。

3月2日（木）

●中学校教員切りつけ事件
報道内容　中学校教員切りつけ事件で、17歳の高校生男子が殺人未遂容疑で逮捕された。「無差別殺人に興味」があったと述べた。
コメント　これは「従来型」。「無差別殺人」に興味があったという以上の動機の解明についての捜査が進むまで、ニュース報道は慎重にすべきではないか。

●諫早湾排水門、開門禁止
報道内容　諫早湾干拓事業で閉めきられた排水門を開けるかどうかについて、最高裁判所は開ける立場の漁業者側の上告を退ける決定をし、国に開門を命じた判決を無効とする判断を確定。
コメント　これは「従来型」。

●エジプト・クフ王のピラミッドの内部に、これまで知られなかった未知の空間があることが、186年ぶりに確認された

コメント　これは「従来型」。

●札幌市や旭川市で、相次ぐ不審電話

報道内容　旭川市で、相次ぐ不審電話がかかった。「午前中家にいるのか」とか「俺だけど」といった内容で、家族構成を聞きだす特殊詐欺の一環とみられる。ためらわずに警察に通報して欲しい。

コメント　これは「代替型」。不審電話の具体的内容の報道は、これ以上の被害を未然に防ぐうえで参考になる（不幸の減算の視点）。

●G20外相会議において、ウクライナ問題で駆け引き

報道内容　インドが議長国を務めるG20外相会議において、ウクライナ問題で駆け引きが行われた。また、会議の合間に、各国による二国間会議が行われた。

コメント　これは「従来型」。

●参議院で論戦が行われた

報道内容　主な議題は、子育て・子ども政策、新型コロナ対策予算、消費税（インボイス制

度）、反撃能力（敵基地攻撃能力）、ＮＨＫの郵便法違反、など。
コメント　これは「従来型」。

3月3日（金）

●中学校で切りつけ事件発生
報道内容　ある中学校で中学生が同級生男子を包丁で切りつけた。警察によれば、「相手は誰でもよかった」と話しているとのことで、警察は事情を聴くなどして詳しいいきさつを調べている。
コメント　これは「従来型」。万一、ネットで散見されるように、この事件が2日前の高校生による教員切りつけ事件の「模倣犯」だったとしたら、中学校教員の切りつけ事件の報道は「不幸の減算」どころか「不幸の増幅」に資したと言わざるを得ない。

●北陸志賀原発、敷地内断層
報道内容　北陸志賀原発には敷地内断層が見られるものの、活断層ではないことが、原子力規制委員会の審査会合でおおむね了承された。
コメント　これは「従来型」。

●柏崎刈羽原発、テロ対策不備
報道内容　柏崎刈羽原発のテロ対策上の不備について原子力規制庁が東京電力を訪れ、聞き取り調査を行った。原子力規制委員会は一昨年から東京電力に対し、事実上運転を停止する行政処分を出すとともに、改善措置の状況などを調べる追加検査を行っている。
コメント　これは「従来型」。

●G20、共同声明見送り
報道内容　G20の外相会合では共同声明を見送った。林外相の出席したクアッドの外相会合では、海洋進出を強める中国を念頭に、一方的な現状変更の試みに強く反対するとともに、国際法に従ったウクライナの恒久平和が必要だという認識で一致した。
コメント　これは「従来型」。

●日米共同、〝離島奪還〟訓練
報道内容　中国軍が活発化するなか、日米は〝離島奪還〟を想定した訓練を行った。訓練地の徳之島では、不安や訓練反対の動きもみられた。
コメント　これは「従来型」。

●ウクライナ情勢

報道内容　ロシア軍がドネツク州の拠点に迫り、ウクライナ側は市民に死傷者が出ていると述べた。ロシア軍は死者数9万人との推定もある。

コメント　これは「従来型」。

その他のニュース

・大阪市の国道で逆走した乗用車が、死亡事故を起こした。容疑者は「くしゃみをして一瞬、気が遠くなった」と供述していて、警察は意識障害を起こした可能性もあるとみて調べている。

・精神科病院での入院患者暴行事件を起こした看護師逮捕。日本精神科病院協会は謝罪するとともに、同病院から聞き取り調査を行った。

・新型コロナの「5類」移行後、状況が変われば「2類相当」に見直すこともあり得る、と岸田首相が述べた。

・「H3」初号機、6日に改めて打ち上げへ。

・車いすテニスの国枝選手に国民栄誉賞。

・河川カメラが外部から不正にアクセスされたか。

・教員の不適切指導による児童・生徒の自殺、いわゆる「指導死」の実態把握に文部科学省が乗り出した。
・日本原燃によると、個人情報が流出した可能性がある。

コメント　今日のニュース
30分間という限られた時間内で、盛りだくさんの報道内容があり、とくに「その他のニュース」で例示した報道内容があまりにも未消化のまま羅列された感が拭えない。

3月4日（土）

●経済関係深める中ロ国境の町
報道内容　経済関係を深める中ロについて、国境の町からの報告があった。
コメント　これは「従来型」。

●女子大生をタリウムで殺害
報道内容　京都市内の不動産業者の男性が、毒性の強いタリウム（専門家によれば、入手はきわめて困難）で知り合いの女性を昨年10月に殺害したとして殺人の疑いで逮捕された。

コメント　これは「従来型」。専門家の指摘を参考にすれば、この事件の特異性は入手方法や入手経路にあった点に求められる。しかし、これらの点がたとい後日分かったとして、それらについて再びニュースとして報道すべきであろうか。もし「否」であれば、事件そのものについて、そもそも報道すべきではなかったのではないか。

●楽天モバイル元部長ら3人を逮捕

報道内容　基地局整備を急いだ状況を悪用してか、業務委託費を水増しして25億円を詐取した。

コメント　これは「従来型」。

●南海トラフ巨大地震の可能性

報道内容　南海トラフ巨大地震が起きると、約76,000人の関連死の可能性があることが関西大学の調査で明らかになった。避難生活の環境の悪化が関連死につながる可能性があるとの指摘がなされた。生活環境の改善のためにはTKB（トイレの環境を清潔にすること、キッチンで温かい食事を準備すること、ベッドで就寝環境を整えること）が肝要であると指摘された。

コメント　これは「代替型」（不幸の減算の視点）。

●アジアの脱炭素、東南アジア・オーストラリアの閣僚らを招き、閣僚会合が行われた

報道内容　アジアの脱炭素について、東南アジア・オーストラリアなどを招き、閣僚会合が行われた。中国は太陽光パネルの開発について先進的であり、日本は再生エネルギーの実験に取り組んでいる。タイは、日本に期待を寄せている。

コメント　これは「従来型」。

3月5日（日）

●韓国政府は「徴用」解決策を明日にも発表

報道内容　韓国政府は「徴用」解決策を明日にも発表する予定である。

コメント　これは「従来型」。

●中国全人代始まる

報道内容　全人代では、経済成長率目標を5％前後に設定した（目標を引き下げ）。国防費を昨年比7・2％増加とした（軍備増強の姿勢を示した）。地方の人口が減少した。不動産市況が低迷している。習指導部は難しいかじ取りを求められている。

コメント　これは「従来型」。

●藤井聡太五冠、「六冠」の達成は
コメント　これは「従来型」。対局は始まったばかりであり、希少の報道時間内で報道する価値があるとは思えない（効率性の視点）。

●北海道、雪崩相次ぐ

●物価高の影響
報道内容　物価高の影響が制服やランドセルにも及び、リユースやサブスクの選択もされている。
コメント　これは「従来型」。

●京都タリウム殺害事件
報道内容　京都タリウム殺害事件の容疑者が、薬局で市販薬を購入する姿がビデオカメラで確認できた。
コメント　これは「従来型」。「ビデオカメラで確認できた」ことが、前日のニュースに付加する点をもたらすのだろうか。もし「否」であれば、本ニュースの目的や狙いはどこにあったのか。

それらの疑問について明確化できないのであれば、本ニュースの報道はなされるべきではなかったと言わざるを得ない。

●陸上自衛隊の石垣駐屯地に車両が搬入
報道内容　沖縄県石垣駐屯地に、ミサイルの発射に使うものなど車両が運びこまれた。
コメント　これは「従来型」。

●無病息災祈る「裸押合大祭」
報道内容　新潟県で無病息災祈る「裸押合大祭」が、新型コロナの影響で、4年ぶりに開催された。
コメント　これは「従来型」。

コメント　今日のニュース
今日のニュースも、「代替型」の理念に沿うものはなく、すべてのニュースが急ぐわけでも、必要でもないものばかりで、30分という限られた時間内への充当選択としては、需給バランスが問われる。

3月6日（月）

●「徴用」問題解決策

報道内容　太平洋戦争中の「徴用」問題解決策を韓国政府が発表した。韓国政府は、裁判で賠償を命じられた日本企業に代わって、韓国政府の傘下にある財団が原告への支払いを行うとする解決策を発表した。ユン大統領は、「未来志向的な韓日関係に進むための決断だ」と述べ、意義を強調した。野党側は、これを激しく非難した。韓国は、輸出管理の解除を求めていく方針である。

コメント　これは「代替型」。

●日韓両首脳は、「シャトル外交」を再開させたい意向である

コメント　これは「従来型」。

●トルコ・シリア大地震から1か月

報道内容　この大地震でおよそ5万人が死亡し、今も140万人を超える被災者がテントでの生活を余儀なくされている。国際的な支援団体は、被災者に対する精神面でのケアの重要性が高まっていると指摘している。

コメント　これは「従来型」。ただし、日本人視聴者がなし得る支援（義捐金）の送り先や方法についてでは、ひきつづきテロップがあれば、「代替型」（幸福の連帯の視点）。

その他のニュース
・「H3」明日打ち上げ。
・国会参議院での審議が行われた。主な議題は次のとおり。子ども・子育て政策、同性婚、反撃能力、核のゴミ、ウクライナ支援、旧優生保護法
・ロシア国防相が、マリウポリを訪れた。支配をアピールする狙いがあるとみられる。
・九州道で観光バスが炎上した。
・旧統一教会に対する献金など16億円余りの返金を求めている集団交渉について、被害対策弁護団は会見を開き、教団側が「事実関係を調査のうえ、個別に対応する」と回答したことを明らかにした。

3月7日（火）
●「H3」打ち上げ失敗

●「徴用工」問題解決案
報道内容　「徴用工」問題解決案について、韓国外相は「両国の利益」を強調。韓国内には反対の声も。
コメント　これは「従来型」。

●新型コロナ
報道内容　新型コロナについて、3月13日からは「マスク着用、個人の判断（に委ねる）」、5月8日からは、「5類」への移行とともに、高齢者に対するワクチン接種を開始する。
コメント　これは「従来型」。

●総務省、放送法「政治的公平」をめぐる文書、作成を認める
報道内容　総務省は、放送法「政治的公平」の解釈をめぐる行政文書の作成を認めるも、中身については正確かどうか確認できない部分もあるとして、精査を続ける考えを示した。高市経済安保相は、「私に関して書かれた4枚は捏造《ねつぞう》と認識している」と述べた。
コメント　これは「従来型」。

●再生エネルギー、４億円強を横領
報道内容 再生可能エネルギーの事業を手がける都内のコンサルティング会社の代表が、４億円強を横領したとして、東京地検特捜部に逮捕された。
コメント これは「従来型」。

●戦後78年、沖縄激戦の地で犠牲になった１００人を超える日本兵の遺骨収集に向けて壕《ごう》の調査を国が行う
コメント これは「従来型」。

その他のニュース
・中国外相がアメリカを強くけん制する、一方で関係改善も呼びかけた。日本に対しては、アメリカに追随しないようけん制しながら、協力を呼びかけた。
・ガーシー議員は帰国せず、懲罰処分の陳謝を求められていた８日の本会議を欠席する考えを明らかにした。
・政府は、石垣島で初めての陸上自衛隊の駐屯地を3月16日に開設することに決めた。
・春闘、早期決着の動きも。

3月8日（水）

●5類後の感染対策「5つの基本」

報道内容　新型コロナ5類後の感染対策として、専門家会合メンバーが「5つの基本」をとりまとめた。①体調不安や症状があるときは自宅療養か医療機関を受診すること、②その場に応じマスク着用やせきエチケット、③3密を避けることと換気、④手洗い、⑤適度な運動と食事。

コメント　これは「従来型」。

●除名処分検討へ

報道内容　ガーシー議員の除名処分の検討へ来週審査を行う予定。

コメント　これは「従来型」。

●放送法「行政文書」

報道内容　〝捏造する者はいないと信じたい〟との松本総務相の談話があった。当時総務相の高市経済安保相は辞職を否定。

コメント　これは「従来型」。

●ウクライナ情勢
報道内容　バフムトで激しい戦闘が続いた。ウクライナ軍は徹底抗戦の構え、ロシア側は攻撃を緩めないと表明した。
コメント　これは「従来型」。

●「Ｈ３」打ち上げ失敗
報道内容　「Ｈ３」打ち上げは、発射後２段目のエンジンに着火せず、機器の一部で電圧値が異常値を示したことをＪＡＸＡは明らかにした。
コメント　これは「従来型」。

●迷惑行為の動画投稿３人逮捕
報道内容　くら寿司で撮影された迷惑行為の動画が投稿され、３人が逮捕された。
コメント　これは「従来型」。

●国際女性デー
報道内容　アフガニスタンでは、女性の権利侵害が続いている。

コメント　これは「従来型」。

その他のニュース

・輸入小麦の値上げ幅が5・8%になった。

3月9日（木）

●韓国大統領　16日に訪日発表

報道内容　ユン韓国大統領が16日に日本を訪問し、首脳会談を行うと発表した。

コメント　これは「従来型」。

●早くも桜開花か

報道内容　まるで春本番の陽気で、16日には早くもソメイヨシノの開花が東京都心で予想されている。

コメント　これは「従来型」。

●マスク半数が着用で、感染拡大回避

報道内容　ＡＩを使った新規感染者数の推定値（名古屋工業大学）によると、東京では5月中旬の時点で一日当たり約５、５００人と試算され、当面大規模な感染拡大は避けられるとした。

コメント　これは「従来型」。

●ウクライナ情勢

報道内容　東部で激戦が続いている。ロシアは原発の送電線を切断した。バフムト陥落の可能性。

コメント　これは「従来型」。

●震災関連死

報道内容　東日本大震災の発生から、３月11日で12年。震災関連死を含めると２２、２１２人に上る。

コメント　これは「従来型」。

●統一地方選挙

報道内容　統一地方選挙の投票まで1か月を迎えた。立候補予定者の数をまとめた。ＮＨＫはすべての自治体のトップを対象に、初めての大規模一斉アンケートを行った。第一回のテーマは、「老朽インフラをどうするか」であった。その結果、老朽化した橋や道路は「廃止もやむなし」が４割を超え、インフラ維持の予算の確保に「不安がある」（93・２％）ことが明らかになった。また、奈良県田原本町では、橋梁保全事業に関するＥＣＩ方式のガイドラインに基づく契約形態が採用されることになった。

コメント　これは「従来型」。

その他のニュース

・ＪＡＬ割安販売キャンペーンが接続障害のため中止となった。
・イトーヨーカ堂の約４分の１の店舗が削減されることになった。
・植田日銀総裁候補が、衆議院において賛成多数で可決された。
・広域強盗事件では、送還１人の容疑者の口座に不特定多数の人物から現金が振り込まれ、直後に海外で引き出されていたとみられることが、捜査関係者への取材で新たに明らかになった。警視庁が資金の流れの解明を進めている。

３月10日（金）

●「５類」移行後、一部自己負担決定

報道内容　厚生労働省は、新型コロナの「５類」移行後、検査や外来診療の費用を患者の自己負担とすることや幅広い医療機関で患者を受け入れてもらうことを柱に、見直しを行う方針を公表した。

コメント　これは「従来型」。

●日銀総裁交代へ

報道内容　日銀総裁が黒田氏より植田氏に交代することが参議院会議で可決され、国会で同意された。植田氏は緩和政策を継続すると述べた。

コメント　これは「従来型」。

●政府与党間連絡会議

報道内容　政府与党間連絡会議で、ドイツ日本政府間協議を18日に開催することや、岸田首相が19日からインドを訪問することになったことを明らかにした。

コメント　これは「従来型」。

●「徴用」問題の解決案

報道内容　「徴用」問題の解決案をめぐっては、韓国世論に、賛成が35％、反対が59％あることが韓国世論調査で明らかになった。

コメント　これは「従来型」。

●空き地整備も、活用されず

報道内容　東日本大震災後、岩手、宮城、福島の3県では、空き地を売ろうとしても売れないなどの実情が見えてきた。いまだに「3割」が空き地のままとなっている。地権者が固定資産税の減税分を、まちづくりを行う事業者に支払うことで地域の活性化につなげられるのではないか、という東北大学大学院増田教授の指摘もあった。

コメント　これは「従来型」。

●統一地方選挙：ふるさと納税

報道内容　ふるさと納税制度については高額な返礼品で寄付を集める自治体が相次ぐなど、議論の対象になってきた。自治体トップの向き合い方に、温度差があることが明らかになった。

コメント　これは「従来型」。

●習主席　異例の３期目再選
報道内容　中国では、習主席が異例の３期目再選を果たした。
コメント　これは「従来型」。

その他のニュース
・放送法「行政文書」、引き続き精査必要。
・福島県の工場で〝ガス爆発〟があり、４人が病院に搬送された。
・東京大空襲から78年が経ち、慰霊の法要が行われた。人々のさまざまな想いが語られた。

3月11日（土）

●津波到達地に咲く花～東日本大震災
報道内容（午後8時まで延長）／取材とアンケート調査による若い世代の思いを伝える、避難訓練、祈り、語り継ぐ、若者の夢（命を守る警察官に）、仕事や産業（若い世代が住み続けるために足りないものは何か）、宮城県南三陸町のメモリアルへの取り組み、等。
コメント　これは「従来型」。

●サウジアラビアとイラン、外交関係正常化で合意
報道内容　サウジアラビアとイランは、外交関係正常化で合意した。両国の合意は、中国が仲介したということで、中東での存在感を高める狙いもあるとみられる。
コメント　これは「従来型」。

●中国異例の新首相に李強氏
報道内容　中国新首相に李強氏が選出された。副首相を経験しないまま首相に就任するのは異例。
コメント　これは「従来型」。

●米銀行が破綻
報道内容　アメリカのシリコンバレーバンクが経営破綻した。
コメント　これは「従来型」。

●トルコ・シリア大地震
報道内容　東日本大震災を経験した日本と連帯を示す声が聞かれた。日本側からの医療チーム

の支援者たち、トルコ側の東日本大震災後の支援活動の経験者の体験と思いが語られた。
コメント　これは「代替型」（幸福の連帯の視点）。

●原子力政策大転換
報道内容　政府はエネルギーの安定供給や脱炭素社会の実現に向けて、原発を最大限活用する方向にかじを切った。先月には、最長60年とする運転期間を実質的に延長できるようにする法案を閣議決定した。また、次世代型原子炉の開発や建設を進めることを盛り込んだ基本方針を決定した。ＮＨＫ解説委員は、原発の安全を担う原子力規制委員会の独立性に疑問符がついていると指摘した。
コメント　これは「従来型」。

その他のニュース
・関東大震災から今年で１００年を迎える。
・藤井五冠と羽生九段が王将戦初日の対局を終えた。
・春闘、電機メーカーは15日に集中回答日とする。

3月12日（日）

●若田光一さん、帰還

報道内容　宇宙飛行士の若田さんが、国際宇宙ステーションから5か月ぶりに帰還した。月や火星を探査する「探査車」の設計に必要なデータを集めるため、車の潤滑油などに使われる液体が無重力状態でどのようなふるまいをするのかを調べた。

コメント　これは、「従来型」。

●藤井五冠が羽生九段を破り、王将戦のタイトル防衛

コメント　これは、「従来型」。

●ウクライナ情勢

報道内容　東部バフムトで激しい戦闘が続いた。アジアの国々にもガス不足などの影響がある。食料不足から物価は高騰し、子どもの低体重がみられる。

コメント　これは、「従来型」。

●米韓合同軍事演習

報道内容　米韓の合同軍事演習が行われ、これに対して北朝鮮は、固体燃料式の新型ＩＣＢＭ（大陸間弾道ミサイル）の発射の可能性など、対抗措置に出る模様である。
コメント　これは、「従来型」。

その他のニュース
・ユン韓国大統領、「徴用」問題の解決策は大統領選挙の公約を実践したものだと述べた。
・新型コロナのデータ更新が、正確なデータ把握が困難になり終了した（米・ジョンズ・ホプキンス大学）。
・東日本大震災犠牲者に対し、花火で追悼が行われた。

3月13日（月）

●「袴田事件」再審開始決定
報道内容　捜査側が証拠を捏造した可能性があり、東京高裁は再審を認めた。
コメント　これは「代替型」（幸福の連帯の視点）。

●ノーベル文学賞作家大江健三郎さん、死去
コメント　これは「従来型」。

●脱マスク、個人の判断初日
報道内容　今日からマスク着用については個人の判断に委ねられた。様々な意見と対応がみられた。
コメント　これは「従来型」。

●放送法「行政文書」
報道内容　当時、高市総務大臣に説明した可能性が高い、と総務省側が述べた。
コメント　これは「従来型」。

●米、相次ぐ銀行破綻
報道内容　アメリカのシグネチャーバンクが、先日のシリコンバレーバンクに次いで、経営破綻した。背景に金利の値上げがあった模様。
コメント　これは「従来型」。

●扇千景元参院議長死去
コメント　これは「従来型」。

その他のニュース
・国会参議院論戦が行われた。主な論題は、子ども・子育て政策、賃上げ、福島震災復興、インボイス制度、都が委託の団体経営処理問題。

3月14日（火）

●大江健三郎さん、高校時代の文章や詩発見
報道内容　大江さんの高校時代の文章や詩が発見された。
コメント　これは「従来型」。

●ガーシー参議院議員、あす除名
コメント　これは「従来型」。

●小中高の自殺、過去最多
報道内容　昨年の小中高の自殺者数が、過去最多になった。ＮＰＯ法人「自殺対策支援センターライフリンク」代表の話によれば、コロナ禍で居場所が失われたためではないか、とのことであった。
コメント　これは「従来型」。ただし、コロナ禍が続くなか、そうした「居場所」を取り戻す具体的方策についての示唆が示されるならば、「代替型」（不幸の減算＝幸福の連帯の視点）。

●来月以降、さらなる物価高
報道内容　輸入の小麦価格が（ロシアによるウクライナ侵攻の影響もあって）過去最高となっていることにより、来月以降さらなる物価高が見込まれている。
コメント　これは「従来型」。

●「袴田事件」再審決定
報道内容　「袴田事件」の再審決定を受けて、袴田さんの姉が支援者に「喜びと感謝」を伝えた。また当時の捜査にあたった元警察官は、〝警察、検察の負け〟と述べた。
コメント　これは「従来型」。ただし、「冤罪事件」を起こさないための具体的方策についての示唆が示されるならば、「代替型」（幸福の視点）。実際のニュースでは、袴田さんの姉の「喜びと感謝」を支援者に伝えたことの報道で終わった。

●物流業界、人手不足
報道内容　物流業界は人手不足に見舞われ、「再配達」負担が増している。国土交通省は、来月1か月間、「再配達」を減らすサービスや取組みを行うこととした。
コメント　これは「従来型」。

●放送法「行政文書」、高市経済安保相、当時のメール提出も
報道内容　放送法「行政文書」をめぐり、高市経済安保相は、当時の自らの国会答弁が総理大臣補佐官の影響を受けていないことを証明するため、国会の求めがあれば、当時のメールや資料を提出する考えを示した。
コメント　これは「従来型」。

3月15日（水）

●春闘、異例の賃上げムード

報道内容　春闘は異例の賃上げムードで、満額回答の大手企業が相次いでいる。焦点は、中小企業への波及である。

コメント　これは「従来型」。

●岸田首相とユン韓国大統領、明日会談

報道内容　岸田首相とユン韓国大統領は明日会談し、「シャトル外交」を再開することを確認する模様である。岸田首相は、このたびの韓国大統領の「徴用」解決策を評価していることを伝達する模様である。

コメント　これは「従来型」。

●黒海の上空で、米軍無人機がロシア軍機と衝突

報道内容　黒海の上空で、米軍無人機がロシア軍機の妨害行為にあい、衝突した。

コメント　これは「従来型」。

●ガーシー参議院議員は「除名」

報道内容　ガーシー議員を「除名」処分とすることが参議院で決定した。

コメント　これは「従来型」。

●「糖質カット炊飯器」、広告ほど低減されず
報道内容　「糖質カット炊飯器」の一部製品に広告ほど糖質が低減されないものがあることが分かった。
コメント　これは「従来型」。

●低所得世帯に3万円支給を検討
報道内容　追加の物価高騰対策をめぐり、低所得世帯に一律3万円、子育て世帯には別途、子ども1人あたり5万円を給付することを、首相が検討する考えを明らかにした。
コメント　これは「従来型」。

●電気料金の値上げ幅圧縮を各社に指示へ
報道内容　経済産業省は、エネルギー価格の下落などで各社の負担は軽くなっているとして、電気料金の値上げ幅を圧縮し、申請し直すよう大手電力7社に対して指示することにした。
コメント　これは「従来型」。

●「袴田事件」の特別抗告断念を

報道内容　「袴田事件」の再審決定を受けて、支援してきた超党派の議員連盟が法務省に対し、検察が特別抗告を断念するよう申し入れた。

コメント　これは「従来型」。

●ウガンダ女性、難民認定

報道内容　ウガンダ国籍の女性の難民認定を求めた裁判で、大阪地裁は国に難民と認めるよう命じる判決を言い渡した。

コメント　視聴者からの同意に基づく支持（シンパシー）が得られるかぎりにおいて「代替型」（幸福の連帯の視点）。

●パートの待遇、正社員と同等に

報道内容　イオンリテールが先月下旬から導入した制度では、売場の責任者を対象に、月120時間を働くことを前提に、昇格試験に合格したパート従業員の待遇を、正社員と同等にしている。これまで支給されていなかった退職金や子育て支援などについて「正社員の支給額の水準を1時間あたりで算出し、働いた分を支給することを決定した。

コメント　これは「従来型」。今後、視聴者からの同意に基づく支持（シンパシー）が得られるかぎりにおいて「代替型」（幸福の連帯の視点）。

3月16日（木）

●日韓首脳会談
報道内容　日韓首脳会談が行われた。両首脳会談直前に北朝鮮がミサイルを発射した。
コメント　これは「従来型」。

●「シャトル外交」を再開することで一致
報道内容　日韓で「シャトル外交」を再開することで一致した。
コメント　これは「従来型」。

●ガーシー元議員、著名人ら脅迫容疑で逮捕
コメント　これは「従来型」。

●アメリカのシリコンバレーバンクの経営破綻
報道内容　シリコンバレーバンクなどアメリカの相次ぐ経営破綻やスイスの大手金融グループの経営悪化への懸念から円相場は値上がりした。経営破綻後、株価は下落した。
コメント　これは「従来型」。

●（独自）旧統一教会側の主張が判明
報道内容　文部科学省は旧統一教会側への質問権を行使して、教団の運営や資金の流れについて調べている。教会側の主張が判明した。
コメント　これは「従来型」。

●次期戦闘機の共同開発
報道内容　浜田防衛相は、英伊国防相と会談し、航海自衛隊次期戦闘機共同開発で緊密協力を確認した。
コメント　これは「従来型」。

その他のニュース
・刃物もった男、女性人質に立てこもる。
・中国IT大手「百度」が、対話式AIソフトのサービスを開始した。

3月17日（金）

●育休〝手取り収入と同程度に〟
報道内容　少子化対策について、岸田首相は、育児休業給付金の水準を、休業前と同じ程度の手取り収入を確保できるようにする意向を表明した。
コメント　これは「従来型」。

●習主席ロシア訪問、首脳会談へ
報道内容　習主席は、ロシアを訪問し、首脳会談に臨むことが明らかになった。
コメント　これは「従来型」。

●「闇バイト」、政府が緊急対策
報道内容　政府は、SNS上の「闇バイト」情報を早期に発見して排除するため、AI＝人工知能を活用して自動検索を行ったり、インターネット事業者に対し、確実な削除を働きかけたりするとしている。

コメント　これは「従来型」。

●岸田首相、ユン大統領をもてなす

報道内容　岸田首相は、首脳会談後、ユン大統領を食事に誘ってもてなした。

コメント　これは「従来型」。

●鉄道運賃明日引き上げ

報道内容　鉄道運賃を、明日引き上げる。鉄道駅バリアフリー料金制度の初めての活用となる。3、000箇所に、ホームドアを取り付ける。

コメント　これは「従来型」。

その他のニュース

・石垣島の駐屯地では武力攻撃を想定した図上訓練を行った。

・元陸上自衛隊員3人が、強制わいせつ罪の容疑で在宅起訴された。

・車いすテニスの国枝選手に国民栄誉賞が授与された。

3月18日（土）

●国際刑事裁判所は、プーチン大統領に逮捕状

報道内容　国際刑事裁判所は、ロシアのプーチン大統領に逮捕状を出した。ロシアが占領したウクライナの地域からの子ども移送は戦争犯罪であるというのがその理由であった。

コメント　これは「従来型」。

●日独首脳会談が行われた

報道内容　日独首脳会談が行われた。ドイツの主要閣僚も来日した。岸田首相は連携の強化を訴え、ショルツ首相は協力関係が新たな段階に入ったことを強調した。

コメント　これは「従来型」。

その他のニュース

・センバツ高校野球、４年ぶりに本来の姿に

・ＷＢＣ＝ワールド・ベースボール・クラシック日本代表が準決勝へ

●石垣島、住民グループの反対の声のあるなか、ミサイルが搬入

報道内容　石垣駐屯地では、住民グループの反対の声のあるなか、ミサイルが搬入された。〝南西諸島の防衛強化〟のためというのがその理由であった。

コメント　これは「従来型」。

●アメリカのシリコンバレーバンクの経営破綻から1週間

報道内容　アメリカのシリコンバレーバンクの経営破綻から1週間が経った。経営への懸念が高まっていたアメリカの銀行「ファースト・リパブリック・バンク」は格付けが引き下げられ、株価が一時、急落した。スイスの中央銀行はクレディ・スイスの資金繰りを支援することを表明し、会社は7兆円あまりを調達する用意があると発表して資金繰りの不安を払拭しようと努めている。

コメント　これは「従来型」。

●「TikTok」の親会社をアメリカが捜査

報道内容　「TikTok」の親会社をアメリカのＦＢＩと司法省が捜査した。記者の個人データを入手し監視していた疑いによる。

コメント　これは「従来型」。

●トランプ前米大統領が、約２年ぶりにフェイスブックに投稿

報道内容　約２年ぶりにフェイスブックにトランプ前米大統領が投稿した。

コメント　これは「従来型」。

●福島県浪江町、災害公営住宅が完成

報道内容　福島県浪江町に、災害公営住宅が完成した。入居予定の住民が引っ越し作業をした。

コメント　これは「従来型」。

第7章　まとめ

日々のニュースをレビューする過程で分かったこと、関連の情報収集で分かったことは、以下のとおりである。

7．1　現行のTVニュースで「代替型」ニュースに分類できる報道はきわめて少なかった、ということである。むろん、現行のTVニュースは「従来型」が中心であり、したがって、それ以外の「解決型」ニュースや「代替型」ニュースが見当たらなくても驚くにはあたらない。ただ、そうではあっても現行のTVニュースに「代替型」ニュースが紛れ込んでいることはないかを振り返ってみた。では、現行のTVニュースのなかに散見できた「代替型」ニュースにはどのようなものがあっただろうか。

7．2　現行TVニュースのままで「代替型」に分類できたものとしては、たとえば、広域強盗事件に関連しては、事件に先だって「アポ電」があったことの報道があった。その内容を視聴者に具体的かつ詳細に伝えるならば、今後の類似の事件を未然に防ぐことに役立つ。そうすることで、「不幸の減算」に前もって貢献できる。ただし、その場合、捜査過程の詳細な報道は不要である。

7．3 「アポ電」ニュースから類推すると、「代替型」に分類されてよいものは、他にもありうる。たとえば、最近、「偽メール」の話をよく聞く（し、私自身何度も経験している）。某運輸会社は、とんでもない早朝にメールを送付して、配達荷物の宛先に「不備」があるので、至急連絡するようにという趣旨の内容を伝える。しかし、もし配達して不在であれば、通常は「不在配達票」がポストに投じられ、再配達に向けて連絡先が明記されている。しかし、こうしたメールでは「不在配達票」はない。さらに、種々の銀行名を使ったメールが届くことがある。「本人確認をしたい」ので、画面の入力箇所をクリックして欲しいという意味のことが記されている。場合によっては、「取引を停止させてもらう」との内容が記されていることもある。これらのメールは、実際の取引もなければ口座を有していない銀行から届く場合もある。しかし、受信者側からすれば、何某かの不安に見舞われることは必至であり、なかには示唆どおりに画面の指示箇所をクリックする人もあろう。私自身は求めに応じてクリックしたことがないので、確かなことは言えないが、クリックすることのマイナスは計り知れない（大切な個人情報を盗まれる、など）。ところが、こうした「偽メール」問題がＴＶニュースで取り上げられたことは、前述の2月17日から3月18日の期間においては皆無であった。その後、3月31日になって、「フィッシング詐欺」についての警告的報道はニュースに取り上げられた。もっと早い時期に取り上げられていれば、先の広域強盗事件の「アポ電」ニュースと同様、視聴者の不安と不幸を減算することに役立ったに違いないと思われるが、これでも遅きに失したということはないだろう。

7．4　では、他に「代替型」ニュースに分類できそうなニュースはなかっただろうか。たとえば、75歳以上の「後期高齢者の高額療養費払い戻し制度」というものがある。「同一医療機関での受診については、上限額以上窓口で支払う必要はなく、そうでない場合では、1か月の負担増を、令和4年10月1日から令和7年9月30日までの間は、3，000円までに抑えるための差額を後日高額療養費として払い戻す」という制度である。ただし、その「払い戻し」を受けるためには、事前に銀行の受け取り口座が登録されていなければならない。口座の事前登録がされていない場合には、市町村から申請書を送付する仕組みになっているが、それを見逃してしまえばこの制度は稼働しない。ところで、こうした制度について、ＴＶニュースで取り上げられたことはあるだろうか。私の見逃しでなければ、「ない」と言ってよい。視聴者にとって、有利に働く制度の周知徹底のためのニュースとして、これは少なくとも一度は取り上げられて良いのではないか。そうした情報提供がないことは、視聴者の「幸福の加算＝不幸の潜在的減算」の機会を逸することにつながるであろう。類似の問題は他にもあるかもしれない。少しでも「代替型」ニュースを拡充するためにはきめ細かい取材と報道が必要になってくるように思われる。

7．5　ひと月間のニュースのレビューで再三指摘したように、「ある条件」を満たせば現行のニュースも「代替型」に分類できる。精確に述べることは難しいが、現行ニュースの1割～2割は、「代替型」に移行可能である。その結果、「代替型」は増えるだろう。

7．6　ひと月間のレビューの対象にはならなかったけれども、4年前、NHK富山放送局では、「あとを絶たない用水路での死亡事故に注目し、原因や対策を掘り下げる」取材を始めた。現場に足を運び、取材してきた記者の話がウェブサイト上で紹介されている（「NHKニュース報道の約束　あなたを守る。あなたの力になる。」https://www3.nhk.or.jp/news/special/promise/）。これは、特定の争点について一定期間詳しく取材して、かつあるまとまった期間（たとえば、1週間）報道しつづけるという一種の報道キャンペーンである。報道はやがて社会を動かし、国が対策に動き出した。30分間のTVニュースでは困難であろうことは理解できるけれども、新たな取材と報道の型として参考になる。

7．7　前述の「従来型」の正機能のところで述べたように、「従来型」ニュースの価値がないというわけでは決してない。第5章の「従来型」ニュースの諸機能、参照。

7．8　「従来型」ニュースには、視聴者の不安を掻《か》きたてるだけに終始するものがある。高校生による切りつけ事件のニュースに代表される報道がそれである。すなわち、「誰でもよかった」という報道は視聴者の不安を掻きたてる。視聴者がこの報道で、幸せに感じたり、不幸を減算できたり、ためになることは何一つない。そして悪いケースだと、その事件報道が、第二第三の類似の事件を誘発することがある。事実、先の高校生による切りつけ事件のあとに、中学生による切りつけ事件が起きた。後者の事件については、いわゆる「模倣犯」の可能性があったのではないかとの疑いが（ネット上で）もたれている。今の段階では「模倣犯」と決めつけることはできないかもしれないが、そのような疑いが起こるような報道は未然に停止すべきである。なぜならば、そうした報道は視聴者の不幸を未然に防ぐどころか、逆に不幸を招きかねないからである。

そうした報道は、どうしてもその時点で必要だったのかが厳しく問われなければならない。万

一、「どうしてもその時点で必要だった」というならば、報道局側の責任でその理由を前もって明示的に断ったうえで報道すべきであろう。この種のニュースは、単に「従来型」と分類して済ませることはできない。なぜならば「基本情報」の伝達を超えて、視聴者に対しては不安を呼び起こし、可能性としては「模倣犯」を促す機能を果たすからである。

視聴者の不安を呼び起こすまでには至らないものの、視聴者の立場に立てば、「役にも立たない」し、「面白くもない」し、「ためにもならない」ニュースも、相当多いように思われる。たとえば、タクシー運転手が人をはねたという事件が起こることがある（3月20日に実際に起こったことだ）。このニュースの目的はどこにあるのか。この事件で亡くなった人が、「事件を避けるための方途はなかっただろうし、ニュースの視聴者にとっても「なす術《すべ》はない」。もしそうした「術」があるなら、そのニュースは事前に「不幸を減算」させるものとして、「代替型」に分類することができる。しかし、その「術」のないニュースでは不可能である。

注目しておきたいことは、これらの言わば「不要のニュース」が、30分間というきわめて限られた時間、貴重な時間の枠の一定枠を占めていることである。「不要のニュース」を挙げだせば枚挙に暇《いとま》がないだろう。

7．9　現行の報道に浮上してこないニュースが多くあるということである。たとえば、最近ではコロナ禍がいくぶん落ち着いたからであろうが、一時のようには新型コロナに関するニュースは多くはない。新型コロナ関連で実際にあったのは、新型コロナをいつ「5類」に移行させるか、再び「2類」にカテゴライズするか、の法的措置をめぐっての論戦だけであった。その後、2023年5月8日には「5類」移行が正式に決定されたが、「5類」移行後の新規感染者数についての報道が、きわめて少ないことを指摘しておきたい。「5類」移行後であっても、「定点」として選ばれた医療機関からの週一度の報告に基づいて、新規感染者数について推断することは難しくないはずである。しかし報道されるときに用いられている「指数」は視聴者にはきわめて分かりにくいものでしかない。しかも、時折報道される新型コロナに関する状況は、「ゆるやかに増えている」というものである。これでは、視聴者の不安が潰えることはないだろう。

これはたった一例であるが、報道に浮上してこないニュースは数多くある。これらのなかには、いわば「(視聴者の)安心(のための)ニュース」であり、むしろ積極的に顕示化させるべきものもあろう。むろん、不安を掻きたてる可能性のあるトピックや、二次的災悪を引き起こす可能性のあるトピックは顕在化させるべきではない。

7．10　あらためて、「代替型」の理念を支える3つの視点、幸福(＝不幸の減算＝幸福の連帯)の視点、MOの視点、ミドルマンの視点を、吟味した実際の報道内容に基づいて振り返ってみると、圧倒的にＭＯの視点とミドルマンの視点が少ないことに気づく。その理由は明白である。すなわち、ＭＯはデータの蓄積と出来事を顧みる省察と分析とを必要とするからであり、それらについては相当の時間がかかるからである。他方、ミドルマンの視点については、「公平・公正」、「不偏不党」のスローガン（ＮＨＫ「国内番組基準」）のもと、見識に基づいた独自の提案型報道がなされにくくなっているからであろうか。

7．11　ジャクソンの「解決型」ジャーナリズムと「代替型」ジャーナリズムとの間の異同があらためて明らかになった。

「代替型」ジャーナリズムには、私たちの向かうべき「理想の世界」像がある。それは、「各人が責任を問われる必要のないことから受ける苦痛を、可能なかぎり減らす」（市井三郎）というものである。これを本稿では、「不幸の減算」と略称した。「不幸の減算」という表現も、市井氏のものを借用した。それに付随して「幸福の連帯」視点も「代替型」に含めた。

「解決型」ジャーナリズムには、私たちの向かうべき「理想の世界」像は一切語られていない。すでに述べたように、ポジティヴ心理学に基づいて視聴者（＝私たち）の「能力を高める」（＝エンパワーメント）ことが慫慂《しょうよう》され、それが得られれば「世界変革」が可能となると主張されているのにとどまる。どのような「世界変革」が可能となるのか、どのような「理想の世界」が実現するのか、実現すべきなのかについては述べられていない。

両者のジャーナリズムの間の優劣を指摘しようとしているのではまったくない。そうではなくて、視座と関心と強調の違いがあるということを指摘しておきたい。

「理想の世界」像の有無は、ニュースの視点に照らしてみた場合の「現実の世界」像の違いにもよる。「解決型」ジャーナリズムによれば、「現実の世界」においては、「解決ニュース」は極端に顕在化することが少ない。否定的な（負の）ニュースばかりが多く、両者は「バランス」がとれていない。したがって、それらの「バランス」をとって、「現実の世界」の真の姿を反映させることが絶対命令となる。

他方、「代替型」ジャーナリズムにおいては、「現実の世界」は、かつてより良くなったとはいえ、いまなお不幸に満ち満ちている。むろん、こうした「現実の世界」を「理想の世界」に近づけるには、いくつもの方法があるだろう。たとえば、政治、経済、科学、文化、科学技術、芸術、宗教、等々。しかし、ニュースの報道にもそうした力があるのではないか、というのが本稿の基本視座である。

7．12　ジャーナリズムの3類型（「従来型」、「解決型」、「代替型」）の分布状態に関することがらである。現状では、「従来型」が圧倒的に多く、「解決型」と「代替型」はきわめて少ない。

以上のような問題意識に沿ってニュースが再編成されていくならば、当然の結果として分布状態は変わってくる。「解決型」も「代替型」も増加するだろう。その結果として、「従来型」は減少するだろう。

補論

以上の結論の素地となっている点について、述べておきたい。それは、そもそも報道やＴＶニュースが何のためにあるのか、視聴者にとって意味があるのか、意義はどこにあるのか、といった問題である。

まず、一般的なかたちで定式化しておけば、現行の報道やニュース（以下、報道）は次のようなベクトル（両極の間の程度差）上のどこかに位置づけられるように思われる。

1 ――――――― 0 ――――――― −1

べきである　取り上げた方が良い　どちらでも良い　取り上げない方が良い　べきでない

たとい、30分間のニュース番組であっても、その時間内に盛り込まれる報道は多種多様である。トピックの内容として多種多様というばかりではない。質的に「取り上げるべきである」から「取り上げるべきでない」まで広がっていると思われる。日本国内や世界を揺るがすような報道は、「取り上げるべきである」。視聴者も視ておいて良かったと思うことだろう。たとい、その出来事の含意については、のちほど熟慮するとしても。他方、報道のなかには「取り上げるべきでない」と思われるものが現行のもののなかにあることは否定できない。たとえば、3月1日の「中学校での教員切りつけ」に関する報道を想起されたい。そこでも摘記したように、証拠はないものの、その報道が「模倣犯」を誘発した（のではないか）という場合がそれである。ネット上では、その可能性を指摘するものが多数みられたが、もしその可能性が否定できなければ、重大事である。その報道さえなければと思わざるを得ない。「NHKニュース7」では、後者の報道についての「その後」について、私の知るかぎり触れずじまいに終わったけれども、場合によっては責任問題にさえなるであろう。口をつぐんで済むことではない。厄介なのは、視聴者側において、「選択」（その特定の報道に関して）することが技術的に不可能だという点にある。たしかに、模倣「犯」を犯さない視聴者が模倣「犯」罪者の視聴を遮ることは原理的に不可能である。したがって、「模倣犯」を誘発しかねないニュース報道は「取り上げるべきでない」と思われる。

「模倣犯」の可能性の事例は極端な例かもしれないが、日々のニュースを視ていての実感は「どちらでもよい」報道がいかにも多いという点である。たとえば、「交通事故」に関する報道を想起されたい（3月1日）。この事故が、もし高齢者ドライバーが「アクセルとブレーキを踏み間違えた」結果、起こった事故だったと仮定すると、その報道から「学び取る」ことがないわけではない。曰く、「高齢者にはこうしたことが起り得るので、高齢者は、人によって個人差があるとはいえ、免許の返納を積極的に検討しましょう」といったように（MOの視点）。

先に、「効率性の視点」について触れた。この視点からしても、「取り上げるべきではない」ないし「取り上げない方が良い」、さらには「どちらでも良い」報道は差し控えるべきではないだろうか。他に、報道すべきニュースがないならば仕方がないけれども、もしあるならば（例えば、「5類」移行後の新型コロナ感染状況）、それらを優先させるべきであろう。30分という時間的制約は取り払うわけにはいかないのだから。

「べきである」から「べきでない」に至るベクトルを、「報道の（視聴者にとっての）意義」で、置き換えることには無理がある。なぜならば、「報道の意義」の最低値は、「ゼロ」であって、「マイナスの意義」は言語表現としてはいくぶん無理があるからである。もっとも、「報道の意義」ないし「報道の意味」について一考しておくことは無駄ではない。視聴者にとって報道の「意義がある」とか「意味がある」とは、どのようなことを含意しているだろうか。やや散漫であるが、それは次のようなことを含意しているように思われる。

・視聴者にとって、知っておく価値がある（例、ある疾病に効く新薬が出た）。
・視聴者が理解しておく価値がある（例、インフレとバブルの関係といった経済のメカニズム）。
・視聴者にとって、参考になる。

・視聴者にとって、役に立つ。
・視聴者が理由、方法などを知りたいと思う。
・視聴者個々人にとって、関係がある（自分が関与した出来事や事件）。
・視聴者が関心をもっている。
・視聴者にとって（価値観に照らしてみて）、大切なことだと思う。

等々。

ここで「視聴者」としてひとくくりで表現している存在は、具体的な諸個人を意味しているわけではない。また、視聴者のなかの何人が、と限定しているわけでもない。強いて言えば、「大半の視聴者」が、と言うべきだろうか。むろん、このことは「たった一人の視聴者」が関心をもつことを無視するわけではない。たとい、たった一人の視聴者であっても「関心をもつ」人がいるならば、報道としては十分意味があったと言えないこともない。問題は、ここでの「関心」の広がり、普遍性がどこまであるか、であろう。

第5章の冒頭で触れた、ケアステッドやウォードの挙げた「ニュースの要素」を重ね合わせておくことも意味があるかもしれない。すなわち、彼らは、異常性、コンフリクト、インパクト、マグニチュード、著名性をニュースの諸要素とした。むろん、「異常性」といっても程度差のあることだろうし、他の要素についても同様である。したがって、前述した「報道の意義」や「報道の意味」の諸要素と、単純に加算するわけにはいかない。結論としては、大雑把な累計に基づいて「取り上げるべきである」とか「取り上げるべきでない」というほかはない。それであっても、恣意的にそのように判断するよりは良いように思われる。

もう一点、「ニュースとは何か」について、ベテラン整理記者による「ニュースの価値判断」に言及したものがある。それは、新しさ、人間性、社会性、記録性、国際性であった（『新編新聞整理の研究』日本新聞協会、１９９４）。こうした視点を、先のケアステッドやウォード、「報道の意義」や「報道の意味」の構成要素に加味することも意味があるかもしれない。

すでに報道されたニュースに対して、軽々にたとえば「取り上げるべきでなかった」と断定することは許されないだろう。その判断の根拠を示すことが必要であることを指摘しておきたい。

これまで略述したひと月間に亘る個々のニュースについてのコメントのなかでは、判断の根拠を逐一述べることは紙幅の制約もあってできなかった。本稿を読まれた方々の判断に委ねるほかはない。ただし、すでになされた報道が、視聴者にとって「意味」のないもの、「取り上げるべきでなかった」など、程度差はあれ否定的な判断を下すにあたって、いくつかのタイプがあることを指摘することで、この「補論」を終わりたい。それらのタイプとは次のようなものであった。

１）（「模倣犯」を誘発しかねない、あるいは視聴者の不安を惹起《じゃっき》するだけに終始する）倫理基準に悖《もと》るもの

2）需給バランスを欠くもの（視聴者が他にもっと火急に知りたいニュースがある）
3）「効率性の視点」にも基づくもの：限られた時間内に収めるべきニュースとしては火急度が低い
4）（車が病院に突っ込み、2人が死亡した事件報道のように）報道目的があいまいなもの
5）（集団強盗の手口に関してなど）不必要に詳細に立ち入りすぎるもの
6）（精神科病院での患者暴行事件のように）詳しい事情が不分明な段階で報道した「時期尚早」のもの

むろん、これらのタイプが混合したものも現行の報道ニュースには少なくないように思われる。

本稿を終えるにあたっての、私の夢は、「代替型」ニュースを主軸とした「NHK総合」の「NHKニュース7」が生まれることである。

以上

あとがき

今のニュース（とくに夕方7時からの「ＮＨＫニュース７」）は、事実の列挙が中心です。しかし、これでは視聴者の心に訴えるところが小さいと思えてなりません。ジョディ・ジャクソンというイギリスの研究者は、「解決型」ジャーナリズムの必要性を説いています。すなわち、報道は事実報道に加えて、問題をいかに人々が解決してきたのかについて力を入れて報道すべきではないか、と。私はこれも大切でしょうが、さらに「代替型」ジャーナリズムというものが必要ではないかと主張しています。すなわち、視聴者が報道を視聴したことによって「幸せになれる」「不幸を免れることができる」「ためになる」「（事実報道にはない）面白さがある」と言えるようなものです。

現行のいわば「従来型」に加えて、「解決型」、「代替型」の３つのタイプのジャーナリズムが競合してこそ、ニュース報道は今とは比較にならないほど活性化するのではないか、と考えています。

本稿は、そうした思いから２０２３年２月半ばから３月半ばにかけての約ひと月の「ＮＨＫニユース7」を取り上げ、可能な場合、どのような視点があれば「代替型」になり得たかをニュースのトピックごとに具体的に述べたものです。結果的には、「代替型」への移行可能性を示唆できたトピックは少数でしたが、そのこと自体、現行ニュースがいかに「面白くない」もので埋め尽くされているかを示しています。「代替型」を増やす（ないし主軸とする）には、埋もれているトピックを掘り起こすしかないでしょう。たとえば、新型コロナやそのワクチン副反応などは、絶好の、かつ必要不可欠なトピックとなるでしょう。「5類」移行後は、目立ってそれらの報道は減りましたが、にもかかわらず感染が漸増していると言われている今こそ、その必要性は増していると思います。私は取材の現場には居ませんので分かりませんが、他にも掘り起こすべきトピックはきっと多くあるはずです。

畏友との会話がきっかけになった論稿ですが、一人でも多くの方にお目通しいただき、論旨に対する賛否の声を（「中央公論事業出版」気付で）お聞かせいただければ幸いです。

（二〇二三年八月十二日）

著者略歴

高坂　健次（こうさか・けんじ）

1944 年生まれ
1967 年　関西学院大学社会学部卒業
1972 年　大阪大学大学院文学研究科博士課程中退
1986 年　ピッツバーグ大学大学院博士課程卒業（Ph.D）
現　在　関西学院大学名誉教授
専　攻：理論社会学、数理社会学、社会意識論
主　著：『社会学におけるフォーマル・セオリー』（改訂版）、2006 年、ハーベスト社
Social Stratification in Contemporary Japan（編）、1994 年、Kegan Paul International.
Generating Images of Stratification: A Formal Theory（Thomas J. Fararo との共著）、2003 年、Kluwer.

「代替型」ジャーナリズム（Alternative Journalism）の必要性と可能性

2024 年 3 月 13 日初版発行

著　　者　高 坂 健 次

制作・発売　中央公論事業出版
〒 101-0051　東京都千代田区神田神保町 1-10-1
電話　03-5244-5723
URL　https://www.chukoji.co.jp/
印刷・製本／藤原印刷

Printed in Japan
ISBN978-4-89514-550-3 C0036
◎定価はカバーに表示してあります。
◎落丁本・乱丁本はお手数ですが小社宛お送りください。
送料小社負担にてお取り替えいたします。